선비꽃 당신

황산 손영채 제3시집

도서출판 천우

풍류가인 황산 손영채 시인 연보

- 환경부장관 표창(2010)
- 서울특별시장 표창(2017)
- 환경부장관 환경대상(2021)
- 국회의장 공로장(2022) 외 표창장 다수 수상
- (사)한국건축가협회 정회원
- (사)한국건설기술인협회 정회원
- 제21기 민주평화통일자문회의 자문위원(대한민국 헌법기관)
- 밀양손씨 중앙종친회 부회장
- 서울대학교 총동창회 이사
- 한양대학교 참사랑회 회장
- (前)(사)녹색환경창조연합 대표
- (前)(사)그린환경운동본부 제3대 총재
- (前)(사)한국도시정비사업조합 중앙회 기술자문위원
- (前)서울특별시 강남서초교육지원청 학교환경위생정화 심의위원
- (前)(사)한국 바이오텍 경관 도시학회 상임이사
- (前)(사)한국도시재생학회 이사
- (前)(사)한국주택학회 정회원
- E-mail : syc5821@hanmail.net

_____ 님에게

나를 사랑한 사람들,
내가 좋아했던 사람들과
아름답고, 행복한 동행길
함께 오래도록 나눔하고 싶습니다.

　　　년　　월　　일

_____

● 시인의 말

시와 함께 풍류가인(風流佳人)의 길 따라…

나의 삶 나의 길 흐르는 강물처럼
유유자적(悠悠自適)하며 선비의 꽃향기
피어나는 매화 같은 삶을 한 걸음씩 내딛고 싶다

친숙한 시 세계와 일상적 삶에 대한
평상심(平常心)을 잃지 않고 사회 활동을 통해
보고 듣고 느낀 점과 애틋한 사랑의 이야기 한데 모아
따뜻한 봄 햇살을 맞이하여 선비꽃 당신 제 3집을 묶었다

한 세상 살아가는 이야기로 독자들과 공유하고 싶은
간절히 바라는 마음이자 소망이다

시는 나에게 영원한 동반자요!
영혼의 멘투이며 구원자다!

2025년 3월
방배골 서재에서

황산(黃山) 손영래

제1부
봄 그리고 시(時)의 향기

● 시인의 말

선비꽃 매화(梅花) 당신 __ 13
매화꽃 향기 1 __ 14
매화꽃 향기 2 __ 15
내 고향 봄이 오면 __ 16
봄이 오는 소리 __ 17
봄소식 2 __ 18
봄 그리고 시(時)의 향기 __ 19
봄바람 2 __ 20
꽃향기 __ 21
봄비 2 __ 22
봄나들이 __ 23
풀잎 사랑 __ 24
야생화 __ 25
가을이 오면 __ 26
라벤더 꽃 2 __ 27
가을의 속삭임 __ 28
황매산 억새꽃 1 __ 29
강물에 젖어 드는 가을 __ 30
첫눈 __ 31
초겨울 __ 32
겨울나무 __ 33
함박눈 __ 34

제2부
꽃보다 아름다워

내 사랑 그대여! __ 37

사랑의 온도 __ 38

꽃잎이여 __ 39

꽃나비 사랑 __ 40

짧은 사랑 __ 41

그리운 마음 __ 42

비 내리는 날 __ 43

인연설 2 __ 44

노부부의 사랑 __ 45

지나온 세월 뒤돌아보며 __ 46

사모곡 __ 47

님을 보내고 나서 __ 48

꽃보다 아름다워 __ 49

그것이 사랑이야! __ 50

빈자리 __ 51

커피 사랑 2 __ 52

커피 사랑 3 __ 53

내 사랑아 __ 54

그리움 __ 55

이국땅 그대 기다리며 __ 56

선물 __ 58

꽃과 나비 2 __ 59

당신의 마음 __ 60

제3부

달빛 소나타

내 고향 삼산(三山) __ 63

도산서원(陶山書院) __ 64

문경 새재 옛 과거길 __ 65

한강 둔치 __ 66

아름다운 자연 __ 67

등대 __ 68

고로쇠 물 __ 69

창덕궁 비경 __ 70

달빛 소나타 __ 71

향수 __ 72

물의 정원 2 __ 73

전나무 숲속 2 __ 74

섬진강 __ 75

합천호 2 __ 76

솔향기 __ 77

추암 촛대 바위 __ 78

높새바람 __ 79

오대산(五臺山) 눈꽃 __ 80

억새꽃 2 __ 81

통일전망대 __ 82

부석사 가는 길 __ 83

인사동 __ 84

제4부
인생은 홀로 걷는 길

인생은 홀로 걷는 길 __ 87
존중과 배려 __ 88
서두르지 마라 __ 90
행복 속 외로움 __ 91
거울 속 내 모습 __ 92
시란 무엇인가 __ 93
인간관계 __ 94
자신을 사랑하기 __ 96
바이크 애호가들 __ 97
커피에 대한 단상 1 __ 98
내려놓아라 __ 99
포용과 사랑 __ 100
허전한 마음 __ 101
욕망 __ 102
반찬 가게 __ 104
반성 __ 105
살아갈 이유 __ 106
커피 사랑 4 __ 107
언행의 중요성 __ 108
사람답게 살자 __ 110
흔들리는 마음 __ 111
이방인 같은 도시의 그림자 __ 112

제5부
영원한 벗

벗꽃 마을 __ 115
내 친구 __ 116
함께 가는 길 __ 117
복 터질 거야 __ 118
해변가에서 __ 119
영원한 벗 __ 120
한가위 풍경 __ 121
희망의 기도 __ 122
마음의 여유 __ 123
바람과 구름 3 __ 124
행복으로 가는 길 __ 125
후회 __ 126
추억을 상기하며 __ 127
길을 걸으며 __ 128
중년의 신사 __ 129
인생길 __ 130
추억의 강(江) __ 131
그 시절 술빵 __ 132
밥상머리 행복 __ 133

● 해설 따뜻한 휴머니티로 수놓은 서정시의 결정판 / 정유지 __ 134

제1부

봄 그리고 시(時)의 향기

선비꽃 매화(梅花) 당신

소쩍새 구슬피 노래하는 봄날
매화의 자태가 곱디곱다

청렴(淸廉) 선비꽃이요
정절(貞節) 지키는 요조숙녀 꽃이라

진인사대천명(盡人事待天命)
읊어보니 이곳이 오아시스요

매화꽃 향기에 취해
잠시 시름을 잊고자
상스러운 덧없는 세상
뚜벅이 되어봄세

천년 향기 팔지 않는다는
도도하고 고혹적(蠱惑的)인
꽃 중의 꽃
선비 닮아 아름다운 꽃

매화꽃 향기 1

눈보라 휘몰아쳐도
향긋한 꽃바람 타고 만개한 자태
사방으로 매화꽃 앙증맞게 피었네

눈보라 속에서 핀 꽃의 절개
은은하게 피어오르는 너의 향기
고고하고 아름답다

옛 선비의 기품처럼
고결한 자태 수려하고 고운 꽃

매화꽃 향기 2

봄의 신호음 알리는 전령사
탐스럽고 고운 꽃
사람의 마음까지도 흔들어 놓는다

봄날이 오면 은근히 기다려지는 꽃
한민족의 혼이 새겨있다

서설 속에서도 춘설이 내려도
피어나는 매화
고귀한 자태 꿋꿋하니
어찌 외면할 수 있으랴

내 고향 봄이 오면

내 고향 벚꽃 흐드러지게 피어나던 날
천지개벽 형형색색 꽃바람 춤추며 나풀나풀

봄바람에 흩날리는 꽃잎들 아름다운 호반
끝없이 펼쳐진 고향의 봄

합천호 백 리 벚꽃길
염화미소(拈華微笑) 거룩한 봄의 향연
푹 빠져든다

옛 선조의 향기
호반의 고향 영혼의 안식처
유년의 추억 보랏빛 향기의 조각들
새록새록 돋아나고

오래도록 머물고 싶은
나의 고향 황매산이여

봄이 오는 소리

겨우내 얼어붙었던
계곡물 졸졸 흘러내리고
수양버들 가지 봉오리 톡톡 피어오르는
진달래 산천 봄이 왔다

황소 몰고 밭고랑 일구는 워낭소리
쟁기소리 따그락 따그락
옛 추억 꺼내본다

먼 산을 바라보는 누렁이
우렁찬 울음소리 음매~ 음매~
방울 소리 딸랑딸랑~
저만치서 봄소식 들려오네

엄동설한 추위에 움츠린 지친 몸과 마음
봄 향기에 취해
행복의 노래 하늘가에 울려 퍼진다

봄소식 2

연분홍 매화꽃 자태가 곱다
꽃샘추위 머무는 이른 봄
매서운 추위 이겨낸 고고한 기품

봄이 오면 마음도 설레임
한 폭의 풍경화처럼 부요하다

추운 겨울에도 향기 팔지 않는다는
기개 있고 고고한 꽃
팝콘처럼 톡톡 터지니 내 마음도 흥겹다

봄 그리고 시(時)의 향기

산천초목 푸르고
하늘 구름 두둥실
시인의 마음 흔들어놓는다

달래 냉이 씀바귀 실버들 사이
시 속에 봄 강물 졸졸졸
신명으로 흘러가네

황매산 산길 따라 시의 길
나를 인도하니 주거니 받거니
권주가 부르는 고향 산천

그대는 부어라 나는 마시라

봄바람 2

시원한 하늬바람 살랑살랑
하얀 뭉게구름 하늘가에 번지니
얼어붙은 마음까지 녹여준다

연분홍 진달래꽃
계절의 전령이 사방으로 흩날리는
봄의 통로인 듯하다

눈이 시린 푸른 하늘 풍경
따스한 햇살 산천초목 싱그럽다

일상의 지친 피로 삭여주는 봄 봄
나에게 가장 위로가 되고 소중한 보물

꽃향기

봄맞이하는 아름다운 세상
천지간에 꽃물 드니
이쁘고 향기롭다

붉게 타오르는 저녁노을
가슴 두근두근 저녁노을 사이 배꼽 내밀어
환상적인 봄의 판타지아

오늘도 어제처럼
하루가 또 지나가고
봄 축제장 같은 꽃세상
참 거룩하고 경이롭다

봄비 2

초록 잎새 사이 톡톡톡
단잠 깨우는 봄비

천근만근 피로에 지친 육신
빗소리 따라 쉬어가고파라

어린아이 옹알이 같은 빗방울 합창
봄소식은 언제나 닫힌 마음
일깨워주는 사이다 맛 같은 풍경이다

봄나들이

꽃 피고 새 노래하는 화사한 봄날
햇살 고운 수변 길 따라
온 세상이 너울너울 춤춘다

한강 고수부지 강바람
살랑살랑 옷깃 여미게 하는 봄봄

흐르는 강물처럼
겨우내 얼어붙었던 시린 마음까지
버들가지처럼 하늘거린다

뚝방 길 개나리, 벚꽃이 만발하고
고수부지 노오란 유채꽃 널려 울려 퍼지는 계절

희망의 날 꽃송이마다
새겨신 봄나들이길
내 마음 구석구석 빛으로
봄노래 사방으로 번진다

풀잎 사랑

아침이슬 풀잎에 머금고
영롱한 물방울 또르르

이슬방울 촉촉하게 맺히고
꽃과 새들 세레나데 부른다

풀잎 속 생명 푸드득 날갯짓을 하고
코끝을 스치는 야생화 향기

이슬처럼 맑고 청아한 물빛
해맑은 사랑 꽃미소처럼 화사하다

야생화

산에 들에 만발한 들꽃
길섶에 홀로 피어 있는 야생화꽃
한송이 송이마다 곱고 어여쁘다

화려한 장미꽃보다
수려한 백합보다
숭고하고 아름다운 야생초

온갖 풍상(風霜) 다 견디어내고
스스로 피는 꽃이여
외로워하지 말라
자생하는 꽃이 더 아름답다

가을이 오면

가을이 오면 사랑 노래 부르리
맑은 하늘 눈부신 햇살처럼
파란 하늘 그대 바라보며

구름은 하얗게
강물은 파랗게
길거리마다 꽃길 열어주네

온몸으로 부딪쳐 흩어지고
입가에 염화미소 불화처럼
오색 단풍 활짝 피었네

라벤더 꽃 2

천고마비의 계절
라벤더 꽃 활짝 피어
방긋방긋 반겨주는 시절 좋은 날

은은한 연보랏빛 자태
보라색 라벤더 향기

자연과 태양빛의 조화
훈풍 바람길 따라 흔들흔들
정취 가득 넘치고

꿀벌 윙윙 허공을 날아올라
빙빙 돌며 춤추는 천상의 무대
꽃잎의 유혹 잠시 시름 달래보는
아~ 가을이여

가을의 속삭임

울긋불긋 단풍 잎새 사방으로 수놓더니
어느덧 낙화되어 지천으로 흩어진다

변화무쌍한 사람의 마음 그러한가 보네
가을의 유혹에 빠져드는 계절

반들거리는 조약돌처럼
가을 낙엽 또한 비바람에 시달려
오색 무지개 꽃 아롱다롱

만추의 계절 후미진 가로등 불빛
아래 졸고 있는 나그네 마음 같아라

황매산 억새꽃 1

황매산
능선 따라 일렁이는 억새꽃
나풀나풀 산등성이마다 장관을 이루네

청명한 하늘 별빛 언덕길 따라
넘실대는 물결 바람 사이 출렁출렁

가을 내음 물씬 풍기는 산길
길손들 발길 끊이지 않네

뽀송뽀송 새하얀 솜털 같은 꽃

눈부신 햇살 아래 어리광 부리는 여유
그리운 님의 모습 오늘따라
울 엄마 따뜻한 품속 같아라

강물에 젖어 드는 가을

남이섬 뱃길 따라 노 저어가노라면
관광객 함성소리 에헤야 데헤야
어깨춤 들썩 풍년이로다

만추의 가을
잠시 동안 자연에 합류하여
차 한잔에 시름을 담아
마른 가슴 적시는 오후

형형색색 빛으로 감겨오는
색(色) 향(香) 미(味) 감도 일품이요

사색의 창 활짝 열고
시인의 마음 훅 날려 보낸다

첫눈

밤새 내린 함박눈 소복소복
새하얀 옷 갈아입고 가슴 적셔주네

첫눈 내리는 날 만나자던 그 사람
지금 어느 하늘 아래 살고 있을까

첫눈에 반해버린 순결한 그대
눈 꽃송이보다 아름다운 미소
내 사랑 그대에게 바치오리다

초겨울

검은 먹구름 몰려와 천둥번개 동반
소나기 우박 순식간에 차창 밖으로 쏟아 붙는 날
반갑지 않은 손님 왔네

사방이 어둠 속으로 갇혀버린 겨울
창문 올려 양손 핸들을 움켜쥐고
우산도 쓰지 않는 행인들 분주하게 걸어가는 풍경

송이송이 함박눈 내리고
사방으로 소복소복 쌓여가는 폭설
하얀 눈으로 덮인 순백한 세상

눈 덮인 길 위에
은빛의 눈부신 세상으로 달려가
세상 노래 부르고 싶다

겨울나무

눈 덮인 앙상한 나뭇가지마다
쓸쓸한 너의 모습
앙상한 나무 삭발했네

봄, 여름, 가을 풍상의 세월
지난날들 겨울나무는 알고 있다

굽이굽이 한 서린 사연
한고비 두 고비 넘을 때마다
인생 나무 나이테 생성한다

나무야 나무야 울지마라
다시 꽃 피는 봄이 오면
구중궁궐 재목으로 탄생하려무나

함박눈

첫눈 오는 날 만나자
눈송이처럼 소복이 쌓여 가는 핑크빛 설레임

추위 속에서도 소롯이
살갑게 다가오는 마음
무디었던 마음까지 심쿵 심쿵

떠오르는 빛바랜 책갈피 사이사이의 흔적들
눈꽃 세상 아름다워라

제2부

꽃보다 아름다워

내 사랑 그대여!

내 사랑 그대를 생각하노라
푸른 초원 비췻빛 바다
따스한 햇살 사이 아른아른

그대의 깊은 마음 같아라
그대 향한 믿음 영원한 약속

그대와 함께한 발자국들
맑고 깨끗한 꽃님 같았던 추억

사랑과 믿음 강렬한 핑크빛 향기
천국이요 무릉도원이었네

내 사랑 그대여!
남은 시간 그대와 함께
너의 마음 함께 힐 수 있다면
더 이상 바랄 것 없어

영원한 내 사랑 동반자
핑크빛 꽃님 그대여

사랑의 온도

사랑은 용광로 불꽃처럼 타오르는 것
뜨거운 사랑보다 은밀하고 달달한
사랑의 온도가 어떨까요?

어느 순간 온도가 불투명할 때
싸늘히 식어버린 온도계도 아파요

그대도 나도 서로 변해가는 그 모습 지켜보며
마음 변하지 않고 한결같은 사랑
그때 그 시절이 못내 그립소

꽃잎이여

어느 따스한 봄날
꽃바람 흩날리며
달려온 당신이었는데

꽃이 지던 날
그대가 두고 간 흔적들
나풀나풀거리며 사라진다

얼어붙은 내 마음 앗아간
바람의 환생처럼
피고 지고 나면 다시 찾아올까?

그대와 나 사이 운명처럼
흩어지고 사라지는 인생사

이 꽃잎 저 꽃잎 다시 모여드는 날
그 사랑 등불 되어
밝혀주소서

꽃나비 사랑

몽글몽글한 봄바람 흩날리며
꽃나비 되어 살랑살랑
날아온 그대여

주어진 삶에 취하고 우아하고 고운 자태
나풀나풀 달콤새콤 속삭이네

세상에 위치가 그런가?
순백의 아름다운 꽃
바람결에 흔들리는 고운 그대 모습 떠올랐다 사라진다

대자연에 순응하며 소박하게 미소 짓던 꽃나비 사랑
오늘도 그날처럼 꿈꾸며 살고파라

짧은 사랑

한순간의 핑크빛 속삭임
감정이 사랑의 기로에 서다

너의 이름 머무는 곳마다
사랑의 속삭임 모여든다

한적한 카페 저녁노을 등지고
바닷바람 맞으며 둘만의 달콤한 시간

초코라떼 맛과 향기 같아
이것이 사랑의 향연일지도 몰라

짧은 시간 여운 꽃 피는 사랑
저녁노을 속으로
깊숙이 빠져든다

그리운 마음

사무친 마음 없는 여인은 없다
그리움이 쌓이고 모여들면
소중한 사랑이 된다

그립다
그립다 다시 말하여도
끝없이 밀려드는 그대 향한 사랑
하늘이 알고 땅이 알 수 있으랴

비 내리는 날

코스모스 꽃을 닮은 그녀
고운 햇살 아래 둘이 걸었네

쏟아지는 빗줄기 우산 속
순수한 사랑의 기쁨 빗방울 타고

비바람에 젖어 드는 꽃향기
우리 사랑에서 샘솟는 풍성한 추억으로 젖어 든다

인연설 2

언제부터였을까 서로 바라보는 눈빛 빠져들었나

완연한 가을 들녘에 눈부시다

억만 겁을 돌고 돌아온 인연이었나

천층만층 구만 층 웃고 울었던 날들이 아득하다

언제부터 서로의 마음 한 켠 상처로 힘들었나

만나고 헤어지는 일

하늘의 거역할 수 없는 인연설 아래

너와 나 운명의 덫에 빠졌다

노부부의 사랑

백발 선연한 노부부
한 세월 무서리(An early frost) 쌓이고
한 걸음 두 걸음 시골 장터를 향하는 발걸음

노부부 손 꼭 잡고 마주 잡고
걸어가는 뒷모습 애틋한 사랑 묻어난다

주름진 인생 여정 함께 걸어 온 모습
걸음걸이조차 닮아가네

부부의 정이란 서로 품어가는 청실홍실
매듭처럼 열두 굽이 원망이라

세상에서 가장 아름답고 숭고한
보서 같은 사랑이 아닌가 싶다

지나온 세월 뒤돌아보며

인고의 발자취 더듬어보니
행복한 가족 위한 수많은 시간들
길고도 긴 세월 어찌 견디셨나요

모진 비바람 맞으며 풍랑 고초 다 견디며
홀로 걸어온 길 무심의 강물이었소

슬픔도 괴로움도
대신할 수 없음이 안타까울 뿐
험난한 인생길 숱한 고초 견디어 온 위대한 당신

천만겁 다 바쳐도
아깝지 않을 사랑의 가족
그대가 있어 행복했어요
사랑합니다 소중한 사람아

사모곡

그립고 보고 싶고 만나고 싶은 어머니
당신은 수선화처럼 가냘픈 여인 조실부모하고
철없던 18세 조혼 시부모, 시가족, 사남매 대가족 이끄셨네

고단한 시집살이
묵묵히 걸어오면서
얼룩진 슬픔도 속울음 삼키신 당신

자나 깨나 자식 걱정
애간장 태우시던 울 어머니
하늘 아래 단 한 사람 어머니 위대한 분입니다

하늘 여행길 양지바른 솔밭 꽃동산 선영
무명옷 곱게 입고 천년 잠 깊이 잠드신 울어머니

하늘 멀리 있어도 늘 가까이 있고
순백의 도화지 같은 거룩한 어머니
세상 어디에도 없어요

하늘만큼 땅만큼
사랑합니다 내 어머니

님을 보내고 나서

차마 떠나보낼 수 없는 이내 심사
두 번 다시 되돌아 올 수 없는 하늘 여행길

떠나보낸 후 빈 집에 돌아오니
북받친 설움 봇물 터지듯 쏟아진다

둥근달 속에 그대 모습
아직도 선연하건만
그대는 내 곁을 떠나갔네

사랑하는 그대여
우리 언제 또 만날 수 있을까

님을 보내고 나니
온 세상이 텅 빈 허상이로다

꽃보다 아름다워

먹구름 쏟아져 내린 장대비
우산을 쓴 두 사람 가슴 속 오색 무지개 뜨고
다정히 손잡고 걸어가는 연인의 길

얼굴에 미소 사랑의 희망이 가득 차
산천을 꽃잎 흩날리고 고고한 분위기

사랑이 꽃보다 아름다워
사랑비 내리는 한적한 오솔길

소중한 추억 둘이 한마음 되어
꽃보다 아름다운 사랑
지상에서 가장 빛나는 너와 나

그것이 사랑이야!

힘든 시기에 꿈꾸는 사랑
쉬운 것 아니야!

이해와 배려가 따르는 이유
지쳐버리면 감정이 식기 마련이니까

네 앞에 붉은 태양
마음 닫히는 일 한순간이다

너 울고 있잖아
그동안 과분한 사랑 받은 거라 생각해

이해받기 원하지 말고
그 사랑을 이해하면 웃는 거야

그것이 사랑이야!

빈자리

나 없는 빈자리
너 혼자 남아 바람 불어 쓸쓸한 날 견디기 어려울 것 같아

그렇게 쉽게 너를
떠나지 못하는 내 마음 너는 알까

나의 빈자리 채워주려 다시 일어서는 너
지금은 잘 견디고 있는지 떠난 그 자리

커피 사랑 2

어디선가 풍겨오는 그윽한 향
모락모락 피어오르는
커피의 유혹 아래 바다 풍경 선연하다

출렁이는 파도 하늘 오르는 갈매기 떼
저 멀리 망망대해 전망대 깜빡이는
불빛의 기다림도 허공 속에 묻혀버리고
파도처럼 쓸려 가는 허상임을 이제 알았네

가슴 속 젖어 드는 커피 한 잔 속에
네 모습 그려보니 진정한 너의 모습
그리워라 나의 사랑 그대여

커피 사랑 3

아이리쉬 커피 향 가슴 파고드는 저녁
고요한 침묵 속에 피어오르는 해피데이

찻잔 속에 아롱지는 그리운 사랑
그대 있어 내사 좋다

달콤하고 은밀한 커피 향기에 녹아드니
온몸 가득 넘치는 사랑이어라

내 사랑아

너는 원초적 암흑의 밤길
홀로 걷고 있어 늘, 그 자리에서

나에게 다가와 항시 밝고 환한 미소로
심장을 팔딱팔딱이게 하였지

슬프고 괴로운 일 잠시 잊고
나에게로 달려온 거야

너와 나 사랑꽃 필 때마다
행복 가득 넘치던 그 날

천상의 들국화처럼 순백한 마음
활짝 피어났었지
사랑아 사랑아 내 사랑아

그리움

그대의 사랑을 노래 할 때
너는 언제나 타인의 시선으로
내 마음 알 수 없었지

오로지 그대 사랑하는 마음
오직 나의 생각뿐인가

그대 향한 내 사랑
나 혼자만의 착각일 수
있겠지만 이미 너와 난 사랑하고 있어

그대 없이도 그대가 그리운 것은
숨길 길 없는 열정으로
꽃향기를 피울 수 있기 때문

이국땅 그대 기다리며

찬 바람 불어오던 날
밤이슬 가슴 적시던 때
꽃단풍은 사방으로 흐드러지건만

고향 떠나 이국만리에 홀로 머무는
그대 생각에 뼈마디가 녹는다

너의 목소리 지금도 귓전에 울리는데
불러도 대답 없고 메아리만 들린다

한동안 상처가 깊어
오직 너의 생각뿐이었네

정든 고향 돌아오지 않고 얼마나 외로웠을까
쓰라린 가슴 안고 통곡하고 싶은 마음 가을길 쓸쓸하구나

고향집 뜰 향나무 건강하게 자라는데
한 번 떠나간 너의 모습 만날 수 없을까

이름 모를 산새들 고향집 툇마루에
지지배배 지지배배 울어대는 쓸쓸한 밤

부모 형제 정든 땅
하늘길 따라 사뿐히 즈려 오려무나
문득문득 옛 추억 생각 날 때마다 서러운 마음 달랠 길 없어

오늘도 터벅터벅 소쩍새 되어 그대를 불러보세
그대의 보금자리 불 밝혀 두었으니

고향집 돌아와 이제는
편히 잠들기를 기도하는 밤

진실로 사무치게 그리운 사람아
아직도 그대를 사랑하고 있다네

선물

하늘 아래 둘도 없는 하늘 선물
지금까지 걸어 온 삶의 발자국

오늘 깊은 밤 가슴으로 안아주는
따뜻한 마음꽃 바로 당신입니다

꽃과 나비 2

하늘과 땅 기운 맞닿아
불쑥 솟은 산자락
흐르는 강줄기
꽃과 나비 넘실댄다

꽃바람 맞으며
마음까지 깨끗하게 씻어주고
더없이 고운 사랑 청실홍실
맺었으면 참 좋겠다

나비야 나비야 어디서 날아왔니
내 마음 두근두근
시원한 강바람 타고
너와 나 손에 손잡고
우리 사랑 천년만년 머물고 싶네

당신의 마음

눈부신 매력 빛나는 자태
뽐내는 꽃보다 아름다워
바로 당신의 마음

청량하고 싱그러운 하이톤
목소리보다 밝고 낭랑한 음성
옥구슬 같은 당신

언제 어디에서나
긍정적 마인드 위풍당당한 모습
지상에서 가장 빛나는 이름
부르고 다시 불러본다

당신이 존재하기에
내가 있고 온 세상 모두
빛이요 생명이요 우주입니다

제3부

달빛 소나타

내 고향 삼산(三山)

임— 진— 란 곽 장군* 충효의 얼
고귀한 정신이 깃든 수려한 삼산골
허굴산 정상 전설의 용바위 신비롭다

금성산 봉수대 올라서니 가슴이 뭉클하네
합천호 푸른 호수 절경이로다

자연을 벗 삼아 시 한 수 읊고
은빛 물결 넘실대는 둘레길
악견산 어귀 무학대사* 유적지

금성(錦城) 허굴(墟窟) 악견산성(岳堅山城)*
나의 삶, 꿈동산이어라

홍안의 소년 시름 달래던 삼산골
자연과 길동무 글동무 되어
신선놀음하네

---

* 곽 장군 : 망우당 곽재우(1552~1617). 임진왜란 의병장.
* 무학대사 : 조선 태조 이성계의 왕사(王師).
* 악견산성(岳堅山城) : 조선 세종 때 처음 쌓았던 산성. 임진왜란 때 곽재우 의병장이 보수했다고 전한다.

도산서원(陶山書院)

한국 유교 문화유산 유서 깊은 곳
진도문(進道門) 나를 어서 오라 반기네
한 발 한 발 내딛고 나가니 향나무
길 안내한다

산새 좋은 서원 길모퉁이
홍매화 꽃 만발하니
매화 향기가 취하는 봄
시원한 툇마루에 걸터앉아보니
이렇게 좋을 수 없네

도산서원은 선비들의 글방
높고 낮은 담장 이어지는 길 따라
한옥의 멋스러운 풍경에 반한다

옛 선비들 글 읽는 소리 고색창연하고
탈도 많은 속세의 검은 유혹에도
흔들리지 않고 꿋꿋이 자리매김하는 곳

오로지 학문과 인재 양성 정신 수양의 터전
퇴계(退溪) 시(詩) 혼(魂)이 깃든 서원 앞마당
달빛도 모여드는 명당
거룩한 발자취여

문경 새재 옛 과거길

조선시대 영남 지역과 한양을 잇는 영남대로
부산 동래포에서 한양까지 걸어서 열나흘 천 리 길

우리 선조들의 애환과 삶이 서려 있는 고갯길
기쁜 소식을 듣는다. 문경(聞慶)

관문 너머 바라보니 고갯마루 아득하고
푸른 하늘 뭉게구름 두둥실 처연하다

백두대간 골짜기 곳곳마다
큼직한 넓고 쭉 뻗은 바위 힘이 넘치네

낙동강 발원지 초점(草岾) 샘솟는
맑은 계곡 물소리 천혜의 자연 경관
발길을 가볍게 느끼네

조령산 정상 흰 눈 소복소복
과거시험 떠나가는 나그네

그림자 달빛에 선연한
문경 새재 선비의 정취에 젖는다

한강 둔치

시원한 강바람 유혹하는 계절
한양길 대교마다
코스모스 군락지 꽃길 열어준다

센강의 미라보 다리 발리섬 부럽지 않은
한강 둔치 지상의 낙원
지친 마음 치유해 주는
넉넉한 품속에서 쉬어가노라

아름다운 자연

거짓말처럼 다가온 봄
풀잎 하나에도 생명이 움트고
비바람 흩날리는 초록빛 물결
예쁜 꽃 잎사귀마다 파릇파릇

자연의 신비로운 생명
봄기운 따사로운 햇살 어우러져
잠시 동안 행복감에 젖어 든다

등대

만선 배들의 길잡이 바다의 친구!
적막한 겨울 밤바다 요란스러운 파도 소리

빨간 등대 불빛마저 붉게 어린다

밤바다 저 멀리 지평선 지키는 등대
불빛 정적이 흐르는 바다 마음마저 포근하게
감싸주는 바다의 친구

우뚝 선 그대 함께 있어서 참 좋다

고로쇠 물

긴긴 겨울 적막한 밤 지나
아침 햇살 사이 너의 기쁨
이제야 나는 알았네

어둠 속에서 벗어난
아침 세상 가슴 아린 사랑을 알게 되었지

나무껍질 빙빙 둘러 껍질 벗길 때
맑고 투명한 천년의 물 생명수액
고로쇠 물 단 맛 볼 수 있으리라

창덕궁 비경

청명한 하늘 유혹하는 계절
가을 나들이 길 나선다

잠시 무거운 짐 내려놓고
새털 같은 마음으로 사랑을 싣고
소풍 떠나는 어른아이 마음

도심 속 자연의 수려한 풍경
창덕궁 신화가 스멀스멀 떠오른다

옛 선조들의 발자취 따라
구중궁궐 같은 역사의 뒤안길

새소리 물소리 단풍객 삼삼오오
황금빛 물든 궁궐 형형색색 곱고 아름답다

풍요로운 가을바람 맑은 공기 취하는 안식처
궁궐의 야사가 눈앞에 펼쳐지는
휴일날 잠시 소환해 보는 비원行

달빛 소나타

바람 불어 좋은 날
장맛비 다녀간 후

서산 해는 기울고 고요한 이 밤
하늘빛 은하수 저 홀로 밝히네

향나무 사이로 젖어 드는
둥근 달빛 밀창을 두드리고

내 안에 웅크리고 있는
무상의 그림자

그대와 함께 서녘 하늘 바라보며
이 밤이 지새도록 못다 한 말

어둠 속에 쏟어놓고
먼 후일 인생 드라마 같은
달빛 소나타 노래하세

향수

꽃바람 타고
고향 가는 길 총천연빛 그리움
앞서거니 뒤서거니
고불고불 언덕길
세상 모든 것이
고향의 푸른 언덕

한 폭의 수묵화 같은
고향 산천 마을
꽃 내음 흙 내음 닮은 내 친구들
발자국마다 새록새록
이 세상 모든 것
그리운 마음뿐이더라

물의 정원 2

솜사탕 같은 뭉게구름
북한강 물줄기 따라
천상의 물길 사뿐히 즈려 젖어드니
황금색 물감으로 뿌려 놓은 꽃다지
코스모스 천사나팔 어서 오라 손짓한다

황화꽃 아름다운
물의 정원
끝없이 펼쳐지는 진초록 세상
자연의 조화 마디마디
중년의 마음 열어주는 신의 조화

영혼까지 푹 잠겨들고픈
물의 정원 그곳에서
그대와 오래도록 머물고 싶네

전나무 숲속 2

몇 해 만에 설레이는 가족나들이
폭염에 달구어진 열대야
한여름 날 전나무 숲속 길
자연 속으로 들어가네

사계절 울긋불긋 옷 갈아입고
울창한 숲 사이마다
쭉쭉 뻗어있는 수려한 자태

전나무 숲 사이길 따라
청량한 산새소리 지지배배
가는 길 멈추고 하늘 바라보니
순백의 자연 그 숨결 풍요로워라

섬진강

송림숲 울창한 섬진강변
한 시절 풍경소리 화음을 이룬다

강산과 들, 연둣빛 세상 언저리
해마다 맞이하는 봄소식이지만
올해는 더없이 청량하고 쓸쓸하다

지리산 줄기 따라 시원하고
산수 좋은 섬진강, 산, 들
서정과 낭만이 모여드는 관광 코스

글 쓰는 낭만 가객
명소 중 명소로다

무시로 그리울 때마다
다시 날려가고 싶은 섬진강

합천호 2

봄바람 산들산들 산책하는 춘삼월
연분홍 꽃미소 흐드러진 백 리 벚꽃길
합천호 봄나들이 소풍길이로다

비췻빛 잔잔한 호수 일상의 시름 잊고
잠시 동안 무거운 짐 다 내려놓으니
무릉도원이 바로 이곳이네

산수 좋고 물 맑은 수려한 내 고향
사계절 유혹하는 아름다운 꿈터

솔향기

회색 도시 혼탁함을 뒤로 한 채
솔향기 그윽한 산사로 떠난다
푸른 숲 울창한 자연 휴양림 지친 육신 쉬어가려 하네

잣나무 울창한 골짜기
상큼한 산바람의 유혹 싫지가 않다

자연은 영혼의 쉼터
방황하는 중년의 삶 인도하고

내 안에 웅크리고 있는
슬픈 고독의 옹이를 꺼내준다

녹음방초 우거진 산등성이 지나
솔바람 불어오는 산림 계곡

답답하고 눅눅한 마음까지
시원하게 클린해 주는
지상의 낙원이
바로 이곳이로다

추암 촛대 바위

꼬불꼬불 해안의 절경
짙게 물든 푸른 해파랑길
녹음이 무성해 속삭이네

해안 길 풍경 고스란히 만끽할 수 있어
기암괴석 촛대바위 부딪히는 거친 파도 소리 물결
장단 맞춰 갈매기 떼 너울너울 춤춘다

시름없는 뻥튀기 장수 뻥이요 외친 소리
안개꽃송이 피누나

쓸쓸한 주막집 모퉁이 돌아서니
늙은 시인의 목소리 구성진 유행가
들려오는 추암촛대바위

해파랑길 젖은 얼굴 위로
서녘 해 저문다

높새바람

아직 찬 서리 내릴 때 아닌데
높새바람 불어오니 싸늘한
기운이 음습해 온다

산바람 밀당하여 골마다 모여드니
뜨거운 커피 한 잔
온갖 풍상 시름 잊는다

오대산(五臺山) 눈꽃

겨울 오대산 눈꽃 세상
"살아 천년" "죽어 천년" 주목나무
순백의 눈, 꽃으로 환생

수정보다 맑고 영롱한 얼음 방울
세파에 찌든 사나이
가던 길 멈추게 하네

때 묻은 세속의 모든 것
씻어내고파라

주목나무 가지 끝자락에 매달린
얼음 방울 청사초롱 닮았다

억새꽃 2

은빛 억새 함께하는
계절 빛나는 내 고향

가을은 억새의 혼불이런가
나풀나풀 유혹하는 손짓
행락객들 풋가슴 울린다

허공을 넘나드는 춤사위
풀 파도처럼 나부낀다

끝없이 펼쳐지는 갈잎배 풍경
절로 시가 되고 노래가 되어가는
황매산 억새밭 일품이로다

통일전망대

남북과 생이별의 삼팔선
석양길 넘나드는 철새 떼 무리
하늘 공간 속 적막강산 따로 없다

미지의 땅 군사분계선 너머
북녘 하늘 바라보니 해금강 소야곡

어이해 둘이 하나가
되지 못하고 평행선인가

수상한 세월이 흐르고 흘렀건만
민족 통일 통일 기원의 한
조국의 부름 받아 해금강물처럼
풀고 싶다

통일전망대, 태극기 휘날리며

부석사 가는 길

고된 일터를 잠시 떠나
홀가분한 마음 신심을 달래며
차창 밖으로 펼쳐지는 풍요로운 산천

새콤달콤한 과일의 풍미
사과 농장 다다르니
탐스럽게 매달린 발그레한 사과의 유혹
침샘을 자극시켜 준다

들뜬 마음 정좌하고
부석사 무량수전 석가모니불 친견하니
내 마음 흔들리지 않게 환희심으로 채워
비우고 내려놓은 연습 신심을 일깨운다

인사동

문화예술인의 전당
영혼이 살아 숨 쉬는
고유의 풍물 거리

전통차, 먹거리 각양각색
오색찬란하다
짙은 묵향 한지에 스며들고
남녀노소 구별 없는
인사동 골목 옛 정취

점점 사라지고
천상병 시인 머물다 간
귀천 찻집 빈 바람 소리뿐

인사동 거리에 서면
나도 풍류가객이 되노라

제4부

인생은 홀로 걷는 길

인생은 홀로 걷는 길

무거운 배낭 둘러메고 집 나선다
한적한 시골 나 홀로 걷는 길
어차피 인생은 고독한 것

가로수 사이마다 문득 떠오르는
옛 생각에 흠뻑 젖어
돌부리에 차이고 걸린다

산다는 것은 일장춘몽(一場春夢)이라
뒤돌아보아도 먼 메아리만 맴돌고
내 마음 다시 쓸쓸해지는 초로의 세월

인생은 힘들고 지치고 고달픈 날들
누가 대신 살아주지 않고
대신 울어주지 않으니

스스로 일어서는 법 깨치고
배우며 가던 길 묵묵히 걸어가련다

존중과 배려

인간은 사회적 동물, 만물의 영장이다
상대의 감정과 인격을 존중하고
서로 간의 신뢰를 쌓아야 한다.

먼저 사과하고 따뜻하게 손 내밀고
다가가고, 세월이 지나고 나면
몸도 마음 편안할 것이다

한세상 살아가는 동안
행복한 동행길
좋은 인연과 공유해보고 함께 나누어야
그 사람 깊은 진심, 속마음 알 수 있다

서로를 향한 존중과 배려는
불편한 관계에 있던 이웃과 온유한 관계
오래도록 유지 할 수 있다

사랑하는 이웃을 혼자서 공상하다가
가스레인지 위에 올린 음식물처럼 바닥이 나고 냄비가 타버려도

그래도 가까이에 있는 사람
좋은 이웃이 마음이 편하니 이래저래
손해를 봐도 내가 먼저 손 내밀어야 한다

봄비가 내린 다음 새싹 돋아나듯 더 나은 소통과
지성인으로서 아름다운 관계를 유지하는 길 정답이다

서두르지 마라

청명한 하늘 아래
계곡물 졸졸 흐르고
황금 들판 벼 이삭 푸릇푸릇

논바닥 밭이랑 사이
잡초 제거 풀벌레 소탕 작전
야단법석

가을걷이 그날 마주하면
기다리면 풍성한 곳간
가득가득 채워질 것이다

무더운 찜통더위
매서운 비바람 불어와도
잠시 아니더냐?
"하늘의 뜻 거역할 수 없노라"
말하고 싶다

행복 속 외로움

하늘이 내려주신 천복인가
이른 아침 기지개 켜며 노크하니 반겨주는 나의 서재
세상 이야기 쓸 때마다 가장 큰 보람이고 부요하다
참 행복할 때이다

시시때때로 외로울 때마다 촉촉해진 눈시울
온갖 풍파 세월 혹한에 이겨낸 바람처럼
수많은 아픔을 넘어선 채 불 밝히고
홀로와 더불어 문 닫혀 있을 때

거울 속 내 모습

긴긴 세월 출근길 거울 속 내 모습 마주하면
세월의 흔적 잔주름 머리카락 희끗희끗 내 눈앞에 비친 모습
쓸쓸함으로 다가온다

잃어 가는 내 모습 저장하기 위해
새롭게 다듬고 머리카락 손질한다

투명한 거울을 통해 당당한 자신감으로
중년의 물굽이길 뒤돌아보니

지나온 세월 발자취마다
한 줄기 빛으로 더없이 아름답구나

시란 무엇인가

누구에게도 하지 못했던 말 내 본성에서
간절히 전하고 싶었던 말 상상과 감정을 통한
창작의 언어를 생성하는 것이다

새처럼 노래하고 거룩한 시 세계 만들어간다

세상 살아가는 깊이를 발견하고
가슴 저리는 시련 고독 사랑의 기쁨이라 슬픈 멜로디
보고 듣고 느낀 것들은 이해하고 꽃밭을 가꾸듯
글벗이 되어준다

시는 나에게 영원한 동반자요
멘토이자 구원자요 최상의 행복

인간관계

세월 속 인간관계 마음속 깊이
보이지 않는 사람 마음

모두 잘나고 못났다고
왜 바람 같은 말로 흘려 그랬을까?

자나 깨나 앉으나 서나
돌이켜 생각하고 속삭여 봐도
사람과 사람 사이 열 길 물속은
알아도 인간의 마음 알 수 없으니
내사 비우고 내려놓을 수밖에…

왜 끝까지 고집하고
마음 졸여 버텨내고
왜 그랬을까?

혹여나 잘났다고
못났다고 사투하며
아픈 가슴

부여잡고
마음껏 외쳐보고 싶다

사람의 인간관계 그런가보다
훌훌 툭툭 털어버리고
한걸음 두 걸음 발길 줄이듯이

세월이 지나가면 잊힐 것인데
왜 그랬을까?
내려놓아야 문이 열린다

자신을 사랑하기

지상에서
가장 소중한 아(我)를 받아들이는
한해를 알뜰살뜰 가꾸기
육체는 정신을 능가하지 못하지만
365일 스스로 잘 가꾸어야 한다

가족과 이웃 사람들 함께 웃음 나누기
소소한 일상에서 만나는 작은 행복

나쁜 일들은 잊어버리고
진솔한 글쓰기 영상 감상하기
차근차근 내가 좋아하는 일 찾아가며
그 속에서 참 나를 찾아 아낌없이 사랑하기

바이크 애호가들

바이크 애호가 넘나드는 복잡한 도심
교통체증 피해 다니거나 꼬불꼬불
지방도로 잇는 시골길

선남선녀 질주하는 바이크 애호가
신바람 난 동호회 무리
서로 얼싸안고 씽씽씽 흥겹다

빵빵 굉음 울리며 동차선 추월 위태위태
앞서거니 뒤서거니 곡예 운전 아슬아슬한 행렬

한적한 시골 마을
행인들의 눈살 찌푸리게 하는
철없는 바이크 애호가 떠난 자리
어디선가 들려오는 휘파람 소리

커피에 대한 단상 1

풍광 좋은 스카이라운지 멋진 바다뷰
물살에 아롱지는 저녁노을 뉘엿뉘엿
멀어져가고 있네

커피잔 속에 비친 내 모습 노을 속에
붉게 젖어 들고 잠시 황홀경 속 젖어 든다

시린 가슴 차오르는 일상 속 풍경
모든 업장 비우고 내려놓으니 나를 울리는 커피 사랑
더없이 고맙고 따스하다

내려놓아라

소중하게 생각하는 것부터
마음의 짐 가슴에 품고 있는 욕망부터 내려놓아라

평상심 가져야 모든 소망 뜻한 대로
술술 잘 풀리는 것이 세상 이치라

행복이 보이고 얼굴 웃음꽃 피고
내 인생의 미래 비로소 평화로울지니

포용과 사랑

인생이 살아가는 시선 아래
허공은 내게 모든 걸 포용하고
이해하는 마음 넓어야 한다

자아 성찰을 통해 너그럽게 용서하고
받아들이는 것이 내게 사랑이다

내 안에 모든 것들이 함께하는 것이고
서로에 대한 다양한 경험을 통해
진심으로 포용해야 사랑이다

세월이 흘러가도 어찌
할 수 없지 남은 시간
포용과 사랑으로 채워야 행복으로 가는 길인 것을

허전한 마음

쓸쓸한 마음 감추려고
가슴으로 다스리며 때론 이중잣대로 달래보아도
서러운 마음 채워지지 않네

외딴섬 같은 허허로움
인생 후반전 성벽 앞에 당도하니
감동할 수 없는 슬픔의 덩이

그대가 곁에 있어도 나는 그대가 그립다는
류시화 시인의 고백 시가
오늘따라 가슴 때린다

욕망

긴 세월 내려놓지 못해
끓어오르는 욕망의 늪

동서남북
이곳저곳
숨 가쁘게 살아왔는데

지나고 보니 아찔한 순간들
이제는 텅 빈 가슴 채워 주련다

다시 마음 가다듬고
내 자신 달래 보아도
아득한 세월 잡을 길 없다

용광로처럼 끓어오르는 욕망의 골짜기
이대로 포기하기에는
너무도 아쉬움이 앞선다

오늘도 허전한 마음
달래고 쓰다듬어
인생은 지금부터야

그래, 찬란한 봄날이
나를 기다리고 있어
달려가자, 꿈의 둥지로

반찬 가게

바쁜 일상 속
제철 반찬 식감 돋우는
건강 식재료 반찬 더없이 고맙다

눈맛
입맛 오감을 기쁘게 하는
사랑의 반찬 가게

주인장 성품처럼 깔끔하고
맛있는 음식 동네 건강 책임진다

반성

열 번 잘하고 또 한 번 잘못하면
모든 것 우르르 무너지니
억울한 일도 한순간이다

인간은 누구라도 본인이 저지른 잘못까지도
툭하면 타인을 원망하는 고약한 심성 하나 있다

태양은 손바닥으로 가릴 수 없듯이
내일이면 다시 해가 뜨고 세상이 변한다

투기와 질투 인간의 평정심을 잃지 말자
모두가 인과응보
마음속 부정과 불신 가득하면 치유도 어려운 것
청정심의 마음 클린하자

스스로 각을 깨고 더 넓은 곳을 보라
남의 탓 하지 말고
스스로 일탈하는 습관
반성하다 보면 세상은 내 편이다

살아갈 이유

날이면 날마다 밤이면 밤마다
당신 생각하면 머리가 지끈거리지만
선잠에서 깨어 기지개 켜면
흩어진 마음 새로운 정신을 가다듬는다

오늘도 소중한
당신 생각하면 세상 살아갈 이유
용기가 생기고 생동감 넘치니
파란 하늘 더 높고 몸도 마음도 사뿐사뿐

당신의 얼굴 밀려오는 파도처럼
나의 가슴 씻겨주듯 오늘도
행복 꽃 활짝 피운다

커피 사랑 4

따뜻한 곰보빵 샹송이 어우러진
감성 라떼 힐링 타임
하루 일과 중 빼놓을 수 없는 일상이다

기분에 따라 달라지는
커피 맛도 길들여진 지 오랜 세월
시와 커피, 음악, 사색은 혼연일치가 되어버렸다

남녘에서 꽃소식
바람결에 전해오건만
내 마음은 아직 북풍한설
찬바람 속에서 머물고 있으니

커피 한잔에 사위어가는
마음의 상처 아물어질까

봄비, 겨울비처럼 촉촉이
내리는 꽃샘추위 내 마음 젖고 있다

언행의 중요성

사람과 사람 사이
인간관계 속 대화가 중요하고
신중하고 진실된 마음 담아야 한다

열 길 물속은 알아도
한 길 사람 속 모른다는 속담처럼
말의 의미가 전해주는 철학은
깊고 오묘한 진리다

따뜻하고 고운 말
감정을 추스르고
자신을 잘 다스려야 한다

상처 주는 말은
피하고 덕담(德談), 정담(情談), 차담
마음과 마음을 주고받아야 한다

참되고 소중한 말 한마디
굳게 닫힌 사람의 마음도
활짝 열린다

언행의 품격
바로 그 사람의 인격이다

사람답게 살자

한 세월 살아오면서 뒤돌아보면
누구나 후회하고 슬픈 일들이 허다하다

잘한 일보다 후회하는 일이 더 많은 것은 왜일까
정상에 오르면 오를수록
낮은 자세로 겸허(謙虛)해야 한다

우리네 인생 영원한 것도 없으며
존재하지 않는다
최정상은 잠시일 뿐 버팀목이 아님을
때가 되면 속히 내려와야 한다

현재에 충실한 삶이 최선의 방법이고
시시각각 변화무쌍한 현실에 부응하며
최선의 방법이다(무죄다, 영원한 것은 없다)

나답고, 너답게 잘 살아야
참 인생의 주인공이 된다

흔들리는 마음

한 시절 지나 비가 오나 바람 불어도
쉬지 않고 달려온 숨 가쁜 인생

우여곡절 넘고 넘어
당도한 등 굽은 연륜
이제 내려놓아야 하는데

중년의 나이 할 일이 태산이다
이제야 철이 들고
가슴에 깊이 새겨진 수많은 사연

내려놓음에 끊임없이 흔들리는 마음
가는 길 없네

새로운 도전의 길
나이가 들수록 또렷이 떠오르는
인생 나이테
초조하고 불안한 마음 가눌 길 없다

이방인 같은 도시의 그림자

어머니 품속을 떠나 십수 년 경영자로
산전수전 풍상의 세월 맞이한다

한 사람이 열이 되고
다시 모여 수백 명 군락 이루니

치열한 경쟁사회 변화 혁신 뛰어들어
살얼음판 인내하고

다시 돌고 돌아 온 인생길 넘고
넘고 그 누가 이내 마음 알랴

자연 벗 삼아 사회활동 하면서
명예 같은 무거운 짐 모두
훌훌 털어버리고

풍류 가인의 길 가라 하던
시인의 운명이 아니던가

이방인 같은 슬픈
도시의 그림자
내 모습 투영되어 온다

제5부

영원한 벗

벚꽃 마을

꽃 피는 날 봄 처녀 콧노래
몸보다 마음 먼저 달려간다

올해도 어김없이 찾아온 호숫가
산천이 연분홍 꽃물 젖어 든다
벚꽃 잔치 만개하던 인생 사진
인증샷 찰칵찰칵

화사한 봄 옛 추억
엄마의 품 같은 부드럽고 넉넉한 자태
울엄마 모습 울컥 눈시울 적시다

지친 육신 달래주는 백 리 벚꽃길
해마다 어른아이 마음 되어
인정 넘치는 내 고향 합천호

나이가 들수록 깊어가는
유년 시절 다시 그리운 날

내 친구

사시사철 싱글벙글 웃음꽃 활짝 피네
하는 일도 없이 힘들 것 같은데

뭐가 좋아 싱글벙글 웃는 것일까?
타고난 천성인지
하늘이 도울까?

수수께끼 같은 내 친구
해바라기꽃이라 부르고 싶다

함께 가는 길

인생은 나그네 길
너와 나 함께 나눌 수 있는
소중한 시간들 무거운 짐 다 내려놓고
머나먼 인생 여정 서로 사랑하며 살아요

시기와 질투 가슴 너무 아프잖아요
미운 마음 고운 마음 다 내려놓고 함께 걸어 가요
행복할 때 사랑하며 아름다운 세상 영원하리라

복 터질 거야

사랑하는 내 친구야
힘들다고 고달프다고 푸념하지 마
누구나 갖은 고초 풍파 겪으며 산다오

봄이 오면
계절 따라 바람도
불어오는 거야

꿈은 꾸는 자에게
이루어진다고 했어
그해 겨울은 나도
힘들고 괴로운 일
참 많았네

무거운 짐 내려놓으니 만사가 형통이라
그동안 공덕을 많이 쌓았으니
대운이 터질 거야

내 인생의 봄날
복 터질 거야
너도!

해변가에서

보고 싶은 친구야!
안부가 궁금하구나

어느 하늘 아래
어떻게 지내는지 소식 전해주라

백사장 거닐며 너랑 나랑
하트모양 그려놓고 너의 얼굴 그려 본다

네가 그리울 때마다
파도에 실려 가는 네 모습
모래사장 위에 수없이 동그라미 그린다

영원한 벗

따뜻한 봄날처럼 포근한 친구야
지친 일상 잠시 내려놓고
더 늦기 전에 온갖 시름 달래보자꾸나

지리산 흑돼지 막걸리 한 사발로 목 축이고
진흙 같은 끈끈한 우정을 다진다
호숫가 정자에 마주 앉아 세상 사는 이야기 도란도란

달빛은 휘영청 아침 이슬 내릴 때까지
우리 함께 주거니 받거니 권주가 부르세
잔이 차도록 부어라 이 밤 지새도록

우린 영원한 벗이요 동지다
이 한 세상 천년만년
정주고 살고 지고 너랑 나랑

한가위 풍경

보름달 뜨는 추석 명절
이른 아침부터 몸보다 마음이 분주하다
더 높은 가을 하늘
천고마비의 계절
수려한 병풍을 펼친 듯
기다리던 명절 민족 고유의 한가위

흩어진 가족들 한데 모여
달님 함께 즐거워라
해마다 맞이하는 추석 명절
해마다 색다른 고향의 달달한 정

더도 말고 덜도 말고 한가위 같아라
코로나 여파로 비대면의 아쉬움도 있지만
넉넉하고 풍요로운 한가위 가족 모임
풍년이 따로 없구나

희망의 기도

세상 풍파 다 겪고 지쳐 있을 때
어딘가에서 아득히 들려오는 기도 사랑과 희망
사랑의 꽃이요 인고의 열매다

아낌없이 전하는 간절한 기도 하늘도 돕는다네

지금까지 살아온 인생 여정
긍정적 삶의 자세가 다시 새롭고
아름다운 세상의 희망 씨앗이다

어제보다 더 나은 오늘
해지고 새벽 밝아 오는 날
하늘 향해 올리는 기도의 손
감사한 마음 하늘에 닿으리

마음의 여유

이런들 어떠하리 저런들 어떠하리
마음의 여유를 가지고
넓은 가슴 펴고 세상 밖 달려가 보자
상상 그 이상의 꿈 이루어지리라

큰 눈을 떠야 높은 하늘, 수평선
저 너머까지 밝고 아름답게 보일까?

내일 모르는 우리네 인생
가슴 영혼의 엘레지 깊이 파고드는
지금 이 자리가 꽃자리요

시방 머물고 있는 이 곳은
무릉도원이라는 것을

바람과 구름 3

우리네 인생사 한 조각 구름인 것을
무심의 세월 흘러가니 쓸쓸하구나

비바람 젖고 젖어
울고 웃는 부호 같은 중년의 나이

무지개꿈 하늘가에 수놓아
별빛을 노래하는 이내 마음 다시 젖는다

우주의 섭리 순종하면서
회자정리 속 희망 세상 열어가네

행복으로 가는 길

봄, 여름, 가을, 겨울
해마다 시간마다 새롭다
지금까지 묵묵히 걸어왔던 행복 세상

세상 이야기 꽃피우는 인생길
나에게 영원으로 가는 실낙원이다

후회

살아있는 동안의 약속
천금 만금보다 귀하고 귀하다

아무 "말"하지 않아도 네 마음
알아줄 아무것도 존재하지 않는다

마음과 마음의 연결고리
저 하늘 구름에 스며들 때까지
아무 말하지 못하는 내 마음

"말"대답 탐탁치가 않을 때
말과 마음 문 굳게 닫혀 버렸다

"말" 한마디에 오가는 신뢰와 믿음
살아감에 있어 신중하고 고귀한
"말" 한마디에 천냥 빚 갚고
"말" 한마디에 만년 인생 넉넉하다

추억을 상기하며

싱그럽고 시원한 바람 좋은 날
뭉게구름 두둥실
사뿐사뿐 길 걷는다

아지랑이 곱게 피어오르는 황금 들판
풍성한 계절은 농부의 밝은 얼굴처럼 넉넉하고 부요하다

유년의 추억은 새롭고
언제나 사무친 그리움

하늘과 땅 사이 황금 들녘을 누비는
농부의 아름다운 얼굴 미소
순박한 삶의 자화상 아닌가

중년의 주름진 얼굴 마주하고
추억의 한 페이지로 장식해 본다

길을 걸으며

찬 서리 내리는 쓸쓸한 날
무작정 떠나는 길을 나섰다

하늘과 땅 짙은 어둠 사이
솔밭 길 따라 끝없이 걷는다

독백의 화두 꺼내어보니
홀로 길 나설 때 텅 빈 마음
당신과 함께라면 외로움도 반반인 것을

부부는 평생 동반자다
일심동체요 동고동락하니
이 또한 행복이 아니겠는가

하늘을 벗 삼아 길을 걸으며
이 생각 저 생각이 깊어진다

중년의 신사

가을 단풍 울긋불긋 삼삼오오 단풍놀이
봄, 여름 지나 가을이다
여인들의 홍조된 얼굴
사람도 자연을 닮는구나
만추의 계절 노신사 어깨 넉넉한 계절
아직도 품격 넘치는 중년의 향기 그윽하니
손거울 보며 얼굴 다듬는 여인네
꽃가슴 홍당무로 젖는다
불타는 저녁노을 현혹되는 날
샹들리에 불빛 현란한
가슴 불꽃처럼 타오르네
사랑의 여울목 건너가는
선남선녀들 웃음소리
천진난만한 그 시절 소환하는 날
나는 나대로 너는 너대로
중년의 텅 빈 가슴 채워 줄 누구 없소
아~ 가는 세월 잡지 못해
애꿎은 글만 써 내려간다

인생길

인생은 나그네 길이라 했던가
빈손으로 왔다가
빈손으로 떠나가는 길

시련과 위기의 상황들 닥칠 때마다
피할 수 없어라

나에게 전해주는 따뜻한
말 한마디 가슴으로 품는다

가도 가도 끝이 없는 여정
어디쯤에서 머물 수 있을까

추억의 강(江)

누구나 저마다 소중한 추억이 있고
잊어야 할 사연이 있다

시간의 소용돌이 돌고 돌아
가끔씩 도돌이표 인생 회상한다
소꿉놀이하던 친구들 지금은
어디에서 잘 살고 있는지

온갖 생각들이 잡념으로
둥지를 틀고 잠시 잊고 살았던
추억의 실타래 조심스럽게
풀어본다

생존경쟁의 아비규환을 지나
한순간도 놓칠 수 없는
추억의 소중한 발자국들 마디마디
켜켜이 쌓이고 있다

그 시절 술빵

추억의 술빵 그리워라
도회지 떠나간 자식들
시끌벅적 고향집 다 모이면

울 어머니 최고의 요리사
양손잡이 옹기 떡시루 가득
노오란 술빵 가득 찌셨다

수증기 모락모락 솟아나고
눈물샘 자극하는 부엌 아궁이
장작불을 지피셨다

술빵 냄새 가득한 대청마루 부모 형제 옹기종기
촉촉하고 탱글탱글 맛나는 빵
허기를 달래는 요술쟁이 간식

경춘국도 길섶마다
트럭에 가득 실은 술빵
그 시절 울 어머니 하늘 미소 생각난다

밥상머리 행복

천 리 길 한달음에 오랜만에 당도한 내 고향집
구수한 된장 뚝배기 산골 내음 풍겨온다

도시에서 메마른 생활 잠시 탈출
엄마표 서리태 콩국물 한 사발 뚝딱
그 시절 밥상머리 사무치게 그리운 날

어머니 손끝에서 우려내는 음식
산해진미(山海珍味)가 따로 없다

과음으로 찌든 육신 시원한 해장국
아침밥 든든하게 뱃속 채우니
취기에 있던 기운도 달아난다

울 어미니 사랑의 밥상
이제야 어머니의 깊고 넓은 사랑
세월 속에 묻어 있구나

● 해설

따뜻한 휴머니티로 수놓은 서정시의 결정판

— 손영채 시집 『선비꽃 당신』의 시세계

정유지 (문학평론가, 문학 박사)

1. 매화는 향기를 팔지 않고, 은은하고 도도한 향기를 나눈다.

"마음이 일어나면 뜻이 된다."

위 내용은 '심지기위의(心之起爲意)'의 의미이다. 꿈꾸는 자만이 이뤄낼 수 있다. 세상 모든 일들이 꿈을 갖는 마음에서 출발한다. 즉, '마음에서 생겨난 생각이나 의도가 실제로 의도적인 행동 또는 결과로 나타난다.'라는 뜻과 상통한다. 이것은 '마음의 의도가 현실(실제)로 만들어낸다.'라는 일종의 창조적 힘을 담고 있다. 불교의 〈심경(心經)〉에서 '마음이 곧 부처'라는 개념은 마음이 모든 현실을 창조하고 영향을 미친다는 생각을 내포하고 있다. 마음의 상태가 곧 현실을 형성한다는 뜻으로 볼 수 있다. 서양 철학에서 데카르트는 'Cogito, ergo sum'(나는 생각한다, 고로 존재한다)'이라고 역설한다. 데카르트는 '생각하는 존재'로서 인간을 정의했으며, 그 사고나 마음의 작용이 실제 존재와 관계가 있음을 강조했다. 동양의 '기(氣)' 개념을 살펴보면, 기(氣) 또한 마음의 작용이나 의도가 세상과 연결되어있다고 보고, 마음과 의도가 중요한 영향력을 미친다고 여긴다. 마음이 일어나지 않는데, 어찌 저절로 성취되는 일을 바랄 수 있겠는가? 손영채 시인은 노자의 도덕경에 나오는 고사성어 중, '대기만성(大器晚成)'의 철학으로 삶을 살아온 시인이다. 대기만성이란 '그릇을 만드는 데는 시간이 오래 걸린다.'라는 뜻으로, '큰 인물이 되려면 많은 시간과 노력이 필요하다.'라는 속뜻이 있다. 서양 속담으로 '로마는 하루아침에 이루어지지 않았다(Rome wasn't built in a day)'라는 비슷한 의미가 있다. 대기만성형 인간을 영어로 'Late Bloomer(늦게 피는 꽃)'이라고 관용적으로 표현하기도 한다. 손영채 시인은 경남 합천에서 출생으로 한양대학교 도시대학원 도시공학박사 과정을 졸업하고, 서울대학교 환경대학원을 수료했다. 월간 『문학세계』 시 부문 신인상을 통해 등단한 이후, 제20회 문학세계문학상 본상, 제3회 문학세계 작가상 등을 수상하고 월간 『문학세계』 운영 홍보위원장, (사)세계문인협회 부이사장, 한국문인협회 정회원, 합천신문 논설위원으로 왕성한 예술 활동을 전개하고 있다.

　손영채 시인은 따뜻한 시적 언어를 구사하는 보기 드문 서정 시인이다. 손영채 시인의 시적 세계는 크게 두 가지 경향을 보인다.

첫째, 풍부하고 세련된 미적 감각으로 유려한 시적 보폭을 선보인 동시에, 달관의 깊이로 수놓은 서정시의 진수를 수놓고 있다. 더불어 대자연을 누비면서 정제된 언어로 새롭게 육화시킨 '행복의 집 한 채'를 선보이고 있다. 아울러 손영채 시인의 정신세계는 소박한 감성으로 빚어낸 맑고 진솔한 청춘 미학이 가득하다. 이는 손영채 시의 근간이 된 긍정의 마인드(Mind)를 통해 빚어낸 행과 연의 창조적인 상상력과 시적 유기성이 작용하기 때문이다.

둘째, 선 굵은 시적 안목과 선비 정신을 구가하고 있다. 또한 시적 대상에 대한 빼어난 감정이입을 통해 단아하고 선명한 이미지를 구축하고 있다. 더 나아가 따뜻한 사랑의 심상으로 부드러운 봄의 얼굴로 노래하고 있다. 얼음을 녹이는 봄볕처럼, 한겨울 속 봄을 가장 먼저 알리는 복수초 같은 메신저의 역할을 하고 있다.

깊은 사유를 간결하게 표현하는 자기 자신의 아포리즘(Aphorism) 적 단상으로부터 시작하여, 일상, 자연까지 확대하고 꽃향기가 그윽한 대자연의 풍경마저 갈무리하고 있다. 하나의 서정 앨범 속에 손영채 시인의 인생을 수록하고 있다.

시인은 자연에 대한 특화된 캐릭터를 구축하고 있다. 바로 「선비꽃 매화(梅花) 당신」에서 이를 확인할 수 있다. 시집의 화자인 「선비꽃 매화(梅花) 당신」을 심도 있게 서술한 작품이라 몇 번이고 곱삭여 감상해 보았던 의미심장한 내용들이라 밀도 있게 접근해 보도록 한다.

소쩍새 구슬피 노래하는 봄날
매화의 자태가 곱디곱다

청렴(淸廉) 선비꽃이요
정절(貞節) 지키는 요조숙녀 꽃이라

진인사대천명(盡人事待天命)
읊어보니 이곳이 오아시스요

매화꽃 향기에 취해
잠시 시름을 잊고자
상스러운 덧없는 세상
뚜벅이 되어봄세

천년 향기 팔지 않는다는
도도하고 고혹적(蠱惑的)인
꽃 중의 꽃
선비 닮아 아름다운 꽃

―「선비꽃 매화(梅花) 당신」 전문

  황산 손영채 시인이 유독 아끼고 사랑하는 꽃이 '매화'인 것 같다. 매화는 혹독한 겨울 한파를 이겨내고 가장 먼저 얼음장을 깨고 피어나서 동토의 봄을 알려주는 메신저 역할을 하는 훌륭한 사명을 띤 꽃 중의 꽃이라 하겠다. 언 땅 위에서도 절개를 굽히지 않고 고고하고 아름다운 자태로 인하여 사군자(四君子) 매난국(梅蘭菊) 중에서도 으뜸

이요 꽃말로는 고결한 정조 기개 등으로 불릴 만큼 오랫동안 따뜻한 위로가 되는 봄을 기다리는 시인의 마음을 잘 전달하는 시편이 아닐까 싶다. 그만큼 황산 손영채 시인의 시의 세계는 함축성을 겸비하면서도 시심 속에서 전달되는 세세한 의미들이 독자들에도 편하게 전파되고 있을 것으로 생각한다.

시인은 매화의 고고한 내력을 꿰뚫고 있으면서, 대자연의 섭리를 서정 앨범에 담아내고 있다.「매화꽃 향기 1」을 통해 이를 확인할 수 있다.

> 눈보라 휘몰아쳐도
> 향긋한 꽃바람 타고 만개한 자태
> 사방으로 매화꽃 앙증맞게 피었네
>
> 눈보라 속에서 핀 꽃의 절개
> 은은하게 피어오르는 너의 향기
> 고고하고 아름답다
>
> 옛 선비의 기품처럼
> 고결한 자태 수려하고 고운 꽃
>
> ―「매화꽃 향기 1」 전문

시인은 매화꽃 동영상을 그대로 압축시켜 놓은 듯, 한 폭의 수묵화(水墨畵)를 그려내고 있다. "이 한 편의 작품이 손영채 서정 시집이다."라고 말해도 과언이 아닐 정도로, 시적 감성의 극치에 도달하고 있다. 명징한 시선으로 긍정의 경지에 도달한 수작(秀作)으로 평가할 수 있다. 자연 속에서 매화꽃을 통해 인간의 고결함과 아름다움을 비유하고, 그 고독과 품격을 강조하는 작품이다. 시인은 매화꽃이 겨울의 끝자락에서 혹독한 환경 속에서도 피어나는 모습을 부각하면서, '향긋한 꽃바람'을 타고 만개하는 자태는 매화가 그 어떤 고난 속에서도 아름다움을 잃지 않고 피어난다는 것을 내포하고 있다. '고고하다'라는 말은 외적인 아름다움뿐만 아니라 내적인 품격과 고결함을 포함하고 있다. 매화꽃은 단지 아름다운 꽃이 아니라, 그 자체로 고귀하고 우아한 성품을 가진 존재임을 파악하고 있다. 선비는 옛날에 학문과 도덕을 중요시한 인물로, 고결하고 순수한 가치를 지닌 존재로 여겨졌다. 매화꽃 역시 그와 같은 고상하고 깨끗한 성품을 지닌 존재로서 그 자태가 '수려하고 고운 꽃'이라고 종결짓고 있다. 참으로 단아한 작품이 아닐 수 없다. 봄을 밀어 올리는 화선지 위에, 시인의 상상력이란 재질로 자유로운 직관(直觀)이란 사유(思惟)의 붓을 가지고 감성적인 터치를 통해 시적 운지를 발현시키고 있다. 결국 서정적 빛깔의 고운 이미지의 먹을 풀어, 시적 상상력을 가미한 거의 완벽에 가까운 한 폭의 수묵화를 완성시키고 있다.

  시인은 시를 다음과 같이 정의한다. 「시란 무엇인가」에서 확인할 수 있다.

누구에게도 하지 못했던 말 내 본성에서
간절히 전하고 싶었던 말 상상과 감정을 통한
창작의 언어를 생성하는 것이다

새처럼 노래하고 거룩한 시 세계 만들어간다

세상 살아가는 깊이를 발견하고
가슴 저리는 시련 고독 사랑의 기쁨이라 슬픈 멜로디
보고 듣고 느낀 것들은 이해하고 꽃밭을 가꾸듯
글벗이 되어준다

시는 나에게 영원한 동반자요
멘토이자 구원자요 최상의 행복

—「시란 무엇인가」 전문

  인용된 작품을 통해 시인은 시를 영원한 동반자로, 멘토로, 구원자로 명명하면서, 최상의 행복에 이르는 채널로 인식하고 있다. 시가 시인에게 단순한 예술 작품 이상의 의미를 지닌다. 시는 영원한 동반자로서 언제나 시인과 함께하며, 삶의 길에서 멘토이자 구원자로서 방향을 제시해 주고, 최상의 행복을 가져다준다고 어필한다. 시는 시인에게 내면의 세계를 확장 시켜주고, 세상과 소통하는 강력한 도구이자 영혼의 위안을 주는 초월적 존재다. 이 부분은 시가 개인에게 있어 가장 중요한 존재로 자리 잡고 있음을 진술하고 있다. 결국 시의 본질과 그 역할, 그리고 시인이 경험하는 창작의 과정과 시가 주는 의미에 대해 성찰하고 있다. 시는 시의 창작과 그것이 인간 삶에서 차지하는 중요한 역할을 고백하고 있다. 시를 통해 개인의 내면을 드러내고, 세상과 소통하는 과정임을 깊이 있게 진술하고 있다. 묘사하고 있다. 시인은 시를 단순한 표현을 넘어서, 자신만의 독특한 감정을 전달하는 도구로 인식하고 있다. 시의 언어는 창의력과 감정의 접합체로, 때로는 현실을 초월하는 깊은 감동의 물보라를 꽃피운다. '거룩한 시 세계'라는 뜻은 시가 단순한 예술적 행위를 넘어서, 정신적이고 고귀한 세계를 창조한다는 뜻을 말한다. 시인은 세상의 깊이를 발견하며, 그 속에서 시련, 고독, 사랑, 기쁨 등 인간 경험의 다양한 감정과 대면한다. 시는 단순히 자신의 내면을 표현하는 것이 아니라, 이를 바탕으로 독자와 소통하며 깊은 이해를 주는 '글벗'으로서 역할을 한다.

  시인은 세상을 사랑의 관점으로 바라본다. 「사랑의 온도」를 통해 휴머니티를 찾아낸다.

    사랑은 용광로 붉꽃처럼 타오르는 것
    뜨거운 사랑보다 은밀하고 달달한
    사랑의 온도가 어떨까요?

    어느 순간 온도가 불투명할 때
    싸늘히 식어버린 온도계도 아파요

그대도 나도 서로 변해가는 그 모습 지켜보며
마음 변하지 않고 한결같은 사랑
그때 그 시절이 못내 그립소

―「사랑의 온도」 전문

인용된 '사랑의 온도'는 사랑의 감정이 변해가는 과정을 그려내고 있다. 시인은 '사랑의 온도'라는 메타포를 통해 한결같은 사랑을 그리워한다. 시인은 사랑의 뜨겁고 뜨거운 순간부터 점차 식어가는 과정, 그리고 그 변화 속에서 느끼는 고통과 그리움을 노래하고 있다. 시인은 사랑이 단지 일시적인 감정의 변화가 아니라, 온도라는 변화 가능한 시적 대상을 통해 사랑의 지속성과 변화를 담담하게 표출하고 있다. 사랑은 처음에 강렬하고 뜨겁게 시작된다는 의미로 '용광로 불꽃'을 사용한다. 사랑이 변해가는 과정을 '온도가 불투명하다'라는 은유로 설정하고 있다. 사랑의 온도가 점차 불확실하고 흐려지며, 점차 식어가고 있다는 뜻이다. '싸늘히 식어버린 온도계'는 사랑이 식어가는 것을 의미한다. 사랑의 온도는 고정된 것이 아니라, 시간이 지나면서 다르게 변할 수 있지만, 사랑의 본질은 여전히 변하지 않기를 바라는 마음을 담고 있다. 즉, 사랑의 온도가 변해도, 그 시절의 순수하고 뜨거운 사랑을 다시 찾고 싶은 아쉬움과 그리움이 교차 된다. 과거의 사랑에 대한 그리움은 시간이 지나면서 더욱 짙어지며, 그 시절의 사랑이 얼마나 소중하고 아름다뤘는지를 통찰하고 있다.

  시인은 존재적 자기인식(自己認識)의 발로에서 생성된 사랑의 온도계를 꺼내고 있다. 그리움을 회상했던 바람이 나를 일깨우는 에피퍼니(Epiphany)를 만들었으리라. 「자신을 사랑하기」에서 이를 발견할 수 있다.

    지상에서
    가장 소중한 아(我)를 받아들이는
    한해를 알뜰살뜰 가꾸기
    육체는 정신을 능가하지 못하지만
    365일 스스로 잘 가꾸어야 한다

    가족과 이웃 사람들 함께 웃음 나누기
    소소한 일상에서 만나는 작은 행복

    나쁜 일들은 잊어버리고
    진솔한 글쓰기 영상 감상하기
    차근차근 내가 좋아하는 일 찾아가며
    그 속에서 참 나를 찾아 아낌없이 사랑하기

                           ―「자신을 사랑하기」 전문

  시인은 자기 자신을 존중하고, 사랑하는 삶의 중요성을 설파하고 있다. 이 작품은 자신을 아끼고, 돌보며, 긍정적인 태도로 살아가는 자세를 노래하고 있다. 시인은 일상에서 자신을 어떻게 사랑하고, 살아가는 과정에서 어떤 삶의 방향성을 추구해야 하는지를 진술하면서, 자기 사랑법을 완성하고 있다. '아(我)'는 바로 자신을 의미하며, 자기 자신을 가장 소중한 존재로 인식하고 받아들이는 것의 시적 자세를 주문하고 있다. 우리가 외부의 기준이나 사회의 시선에 의존하지 않고, 자기 자신을 진심으로 받아들이고 사랑해야 함을 상기시킨다. 육체의 비중보다 정신이 더 우위에 있어야 함을 진술하면서, '(육체를) 365일 스스로 잘 가꾸어야 한다'라는 말은 자신을 정신적으로나 육체적으로 꾸준히 돌보아야 한다는 의미다. 1년 365일, 자신을 사랑하는 일을 실천해야 한다는 메시지다. 육체는 나의 축소된 지구다. 육체라는 지구를 잘 관장하려면 자기 관리와 자기 사랑이 지속적으로 이루어져야 함을 진술하고 있다. 시인은 자신을 사랑하는 방법 중 하나로 '가족과 이웃 사람들 함께 웃음 나누기'를 열거한다. 다른 사람들과의 관계 속에서 행복을 나누고, 따뜻한 교감을 통해 스스로 더욱 사랑할 수 있음을 보여주고 있다. '나쁜 일들은 잊어버리고'라는 시적 문장 속에 과거의 부정적인 일들에 집착하지 말고, 마음을 치유하라는 메시지가 전해진다. 자기 자신을 사랑하려면 과거의 아픔이나 상처를 놓아주고, 마음의 평화를 찾는 것이 중요하다는 것이다. '진솔한 글쓰기 영상 감상하기'는 자신이 좋아하는 일을 하며, 그 과정에서 진정한 자신을 만날 수 있다는 뜻이다. '아낌없이 사랑하기'는 자기 자신을 과감하게 사랑하고 존중하는 태도를 말한다. 자신을 아끼고 사랑하는 것은 주저하지 않고, 스스로 소중하게 여기는 삶의 자세를 그려내고 있다. 자신의 가치를 '자기 사랑'의 매개로 인간 본연의 아이덴티티(Identity)를 회복하고 있다.

시인은 만남에 대해 의미를 둔다. 「인연설 2」를 통해 확인할 수 있다.

> 언제부터였을까 서로 바라보는 눈빛 빠져들었나
> 완연한 가을 들녘에 눈부시다
> 억만 겁을 돌고 돌아온 인연이었나
> 천층만층 구만 층 웃고 울었던 날들이 아득하다
> 언제부터 서로의 마음 한 켠 상처로 힘들었나
> 만나고 헤어지는 일
> 하늘의 거역할 수 없는 인연설 아래
> 너와 나 운명의 덫에 빠졌다
>
> —「인연설 2」 전문

인용된 작품의 중심 주제는 '인연'이다. 시인은 두 사람의 만남이 단순한 우연이 아니며, 억만 겁의 세월을 돌아온 운명적인 만남이라고 진술한다. '만겁을 돌고 돌아온 인연이었나'와 같은 시적 문장을 통해, 두 사람의 관계가 단지 이번 생에 국한되지 않고, 과거와 미래를 아우르는 깊은 인연임을 암시하고 있다. 또한, 그 인연이 '하늘의 거역할 수 없는 인연설' 아래 이루어졌다는 진술을 통해, 인간은 자신의 운명과 인연을 거스를 수 없다는 현실을 인정하고 있다. 이로써 인연은 단순히 긍정적인 것만이 아니라, 때로는 피할 수 없는 고통과 갈등을 동반하는 것임을 시인은 보여주고 있다. '나와 나 운명의 덫에 빠졌다'라는 시적 문장을 통해 서로의 관계가 마치 필연적이었음을 암시한다. 그러나 이 표현은 단순히 운명에 맡겨진 불행한 만남을 넘어서, 그들이 겪는 아픔과 갈등도 결국 운명의 일부분으로 받아들여야 한다는 점에서, 인간의 자유 의지가 운명과 어떻게 얽히는지에 대한 시적 사유도 읽힌다. '완연한 가을 들녘에 눈부시다'와 같은 자연의 이미지가 인연과 감정의 변화에 대한 상징으로 사용되며, 계절의 변화가 사람의 감정선과 맞물려 있다. 또한, '천층만층 구만 층'처럼 반복적인 수사법을 사용하여 시간의 흐름과 감정의 탑을 쌓는다. 그 감정들이 점차 깊어지고 무겁게 다가온다. 시인은 인간관계에서 느끼는 복잡한 감정의 변화를 잘 표출하고, 운명과 인연의 불가피함을 강조하는 동시에, 그 속에서 갈등과 고통을 섬세하게 노래한다. 이 작품은 사랑과 이별, 인연의 아름다움과 아픔을 동시에 다루며, 인간관계의 본질에 대해 생각하게 만든다.

진짜 우리의 삶은 우리가 지상에서 태어나 죽을 때까지 사는 게 아니라, 실제로 우리가 즐긴 만큼 사는 것이다. 함께 인생을 즐길 때, 비로소 그 삶이 가치가 있다.

2. 용연향 같은 좋은 작품은 초월적 가치와 향기를 세상에 남긴다.

"병든 조개가 고통을 참아내면 품는다. 향유고래가 트림할 때, 바다의 로또 용연향이 배출된다."

고래의 보물 용연향(龍涎香)은 엠버그리스(ambergris)라 하며, 향유고래가 먹은 대왕오징어를 소화되지 못하고 토해낸 것을 말한다. 용연향 중, 축구공만 한 크기가 1억 7천만 원의 가치가 있다고 한다. 오래된 나무 혹은 곰팡이 냄새가 난다고 한다. 특유의 냄새는 고급 향수 재료로 쓰인다고 하여 화장품 업계에서는 없어서는 안 될 귀중한 보물이다.

병든 조개가 낳은 보물은 진주이고, 향유고래가 배출한 보물은 용연향이듯, 누구나 보물이 존재한다.

용연향은 그 자체로 매우 독특한 가치를 지니고 있으며, 이를 통해 초월적 가치와 향기를 지닌 작품을 용연향에 비유해서 진술할 수 있다. 이와 같은 관점에서, 초월적 가치를 지닌 작품 역시 어떤 고통과 고난을 거쳐 나오는 경우가 많다. 예술 작품, 특히 위대한 작품들은 대개 창작자가 겪은 내적인 갈등이나 사회적 고뇌를 반영하며, 그것을 극복하거나 표현하는 과정에서 뛰어난 가치를 얻게 된다. 예술은 그 자체로 고통과 승화의 과정을 보여주며, 그 과정에서 나오는 '결과물'은 단순한 형태나 기능을 넘어서, 사람들에게 깊은 감동과 영감을 준다. 용연향이 '향유고래'가 만든 보물이라면, 초월적 가치를 지닌 작품 역시 창작자의 고된 노정을 통해 세상에 남긴 보물과 같다. 이 두 가지 모두 그 자체의 '가치'와 더불어, 그 과정을 이해하고, 그 속에 담긴 의미를 되새길 때 더욱 큰 감동을 주게 된다.

   시인의 창조적 상상력을 담는 메모리 공간에 손영채 시인의 삶을 그대로 저장하고 있다. '부드러움은 강함을 이긴다'라고 했던가. 시인은 격조 높은 시적 안목을 바탕으로 사랑의 집을 쌓고 있다. 한마디로 손영채 시인을 '사랑 이미지 구현의 대가'로 명명한다. 이미지(image)는 어떤 사물에 대하여 마음에 떠오르는 직관적 인상을 말한다. 동의어로 심상(心像)이 있다. 시인은 따스함이 깃든 시적 프레임(Frame)으로 깊은 사색을 덧붙인다. 손영채 시인은 그 사색의 창을 밝히고 있다. 손영채 시인의 시적 언어는 침향(沈香)처럼 오랜 습작을 통해 얻은 깨달음의 결정체이다. 이는 손영채 시적 미학의 산물로 정리할 수 있다. 시인은 따스한 마음의 창을 연다. 「노부부의 사랑」을 통해 확인할 수 있다.

     백발 선연한 노부부
     한 세월 무서리(An early frost) 쌓이고
     한 걸음 두 걸음 시골 장터를 향하는 발걸음

     노부부 손 꼭 잡고 마주 잡고
     걸어가는 뒷모습 애틋한 사랑 묻어난다

     주름진 인생 여정 함께 걸어 온 모습

걸음걸이조차 닮아가네

부부의 정이란 서로 품어가는 청실홍실
매듭처럼 열두 굽이 원망이라

세상에서 가장 아름답고 숭고한
보석 같은 사랑이 아닌가 싶다

―「노부부의 사랑」 전문

  인용된 작품 속에 등장하는 시적 화자는 특별하다. 백발의 노부부다. 백발의 노부부가 함께 걸어가는 모습에서 그들의 오랜 사랑과 인생 여정을 상징적으로 묘사하고 있다. 그들의 발걸음과 손을 꼭 잡고 걸어가는 모습은 마치 세월을 함께 나누어온 한 쌍의 인연을 보여주고 있다. '한세월 무서리 쌓이고'라는 시적 문장은 그들의 삶에서 경험한 많은 시간의 흐름을 나타내며, 그들이 겪어온 기쁨과 슬픔, 고난과 행복이 얽혀 있음을 시적으로 풀어내고 있다. 시인은 노부부의 사랑이 단순한 감정적 연결을 넘어, 서로의 삶을 온전히 나누며 자연스럽게 닮아가는 과정으로 그려낸다. 그들의 걸음걸이가 서로 닮아가는 것은, 바로 그들이 함께 걸어온 오랜 시간의 흔적이다. 시간이 지나도 변치 않는 사랑의 깊이를 보여주고 있다. 세월을 함께 보내며 서로에게 의지하고 서로의 존재를 소중히 여기는 노부부의 사랑을 재생시키고 있다. 이는 우리에게 진정한 사랑이란 시간이 지나도 변하지 않으며, 그 속에서 발견되는 깊은 애정과 헌신이 가장 큰 가치임을 일깨워준다. 김광석이 부른 노래 〈어느 60대 노부부 이야기〉 중, '곱고 희던 그 손으로 넥타이를 매주던 때 어렴풋이 생각나오. 여보 그때를 기억하오 …(중략)… 다시 못 올 그 먼 길을 어찌 혼자 가려 하오, 여기 나를 홀로 두고 여보 왜 한마디 말이 없소 여보 안녕히 잘 가시게'의 구절이 떠오른다. '서로를 바라보며, 서로에게 의지하며 살아온 그 시간'과, '서로가 닮아가는 모습'이 그들의 삶에서 나타난 변화를 감지한다. 시간의 흐름 속에서 그들이 어떻게 하나로 이어져 왔는지를 말하고, 일상에서 보낼 수 있는 작은 행복들을 소중히 여기는 모습을 담아내고 있다.

  삶이란 만남과 이별의 연속이다. 인생은 '회자정리거자필반(會者定離去者必返)'이라 했다. 만나는 사람은 반드시 헤어지게 되고, 떠난 자는 반드시 돌아온다. 만남과 이별의 과정에서 성장을 거듭한다. 시인은 이별의 필연성과 귀환의 확실성을 염두에 두고 있는 가운데, 「빈자리」를 회상한다.

    나 없는 빈자리
    너 혼자 남아 바람 불어 쓸쓸한 날 견디기 어려울 것 같아

    그렇게 쉽게 너를
    떠나지 못하는 내 마음 너는 알까

나의 빈자리 채워주려 다시 일어서는 너
지금은 잘 견디고 있는지 떠난 그 자리

―「빈자리」전문

　떠난 사람의 자리가 비어 있다는 것은 단순히 물리적인 공간이 비어 있다는 것이 아니라, 그 사람의 존재가 차지했던 감정적, 심리적 공백을 의미한다. 이 자리는 단지 공간적으로 비어 있지 않으며, 그 빈자리에 남은 감정은 떠난 사람의 부재(不在)가 가져오는 깊은 외로움과 공허함이다. '너 혼자 남아 바람 불어 쓸쓸한 날 견디기 어려울 것 같아'라는 시적 문장에서, 떠난 사람을 그리워하는 마음과 그리움으로 인한 고통이 전해진다. '그렇게 쉽게 너를 떠나지 못하는 내 마음 너는 알까'의 시적 문장을 통해 떠난 사람을 잊고 떠나보내는 게 감정적으로나 심리적으로 힘들다는 고백이 전해진다. 그 사람에 대한 여전히 깊은 애착과 미련이 남는다는 것을 뜻한다. 마음속에서는 떠나보내고 싶지 않지만, 현실적으로는 그 사람의 부재를 받아들여야만 하는 내적 갈등이 몰려온다. 하지만 시의 후반부에서 '나의 빈자리 채위주려 다시 일어서는 너'라는 표현을 통해, 떠난 사람을 그리워하는 마음과 함께 살아가는 의지를 엿볼 수 있다. 빈자리는 그 자체로 공허하지만, 그 빈자리를 채우려는 주체적인 노력도 동시에 나타난다. 떠난 사람이 그 자리를 다시 채우는 것이 아니라, 남겨진 사람이 그 빈자리를 자신이 다시 일어나 채우려는 의지가 돋보인다. 떠난 사람에 대한 애정과 그리움은 여전히 존재하지만, 그 자리를 비우지 않으려는 노력과 그럼에도 불구하고 자신을 일으키려는 힘이 중요하다. '지금은 잘 견디고 있는지 떠난 그 자리'라는 마지막 시적 문장은, 떠난 사람의 자리가 여전히 그리움으로 남아 있지만, 그 빈자리를 견디며 살아가려는 시인의 강한 삶의 의지가 담겨 있다.

시인은 홀연히 친구를 부른다. 「등대」에서 확인할 수 있다.

> 만선 배들의 길잡이 바다의 친구!
> 적막한 겨울 밤바다 요란스러운 파도 소리
>
> **빨간** 등대 불빛마저 붉게 어린다
>
> 밤바다 저 멀리 지평선 지키는 등대
> 불빛 정적이 흐르는 바다 마음마저 포근하게
> 감싸주는 바다의 친구
>
> 우뚝 선 그대 함께 있어서 참 좋다

―「등대」 전문

인용된 작품을 통해, 시적 화자는 불빛의 실체를 인식하고 있는 가운데, 바닷속에 깃든 구원의 불빛을 끄집어내고 있다. 외로움과 고독, 그리고 그 속에서 발견되는 위안과 따뜻함을 그려낸 작품이다. '만선 배들의 길잡이 바다의 친구!'라고 표현된 등대는, 단순히 바다의 단순한 구조물을 뜻하는 것이 아니라, 항해하는 사람들에게 제공하는 평화와 방향성 또한 담보한다. 등대는 겨울 밤바다와 같이 적막하고 혼자일 수 있는 곳에서 외로운 존재들을 지탱하고, 그들에게 길을 안내하는 중요한 길잡이다. '적막한 겨울 밤바다 요란스러운 파도 소리'와 같은 시적 문장에서, 겨울 밤바다는 고요하고 차가운 이미지를 가지고 있으며, 그 속에서 들려오는 파도 소리는 때로는 위협적이고, 때로는 고독함을 파생시킨다. 등대의 빛은 차갑고 고요한 바다의 정적을 포근하게 감싸며, 그곳에서 외로움을 느끼는 이들에게 따뜻한 위안이 되어준다. '우뚝 선 그대 함께 있어서 참 좋다'라는 시적 문장에서 시인은 등대가 밤바다의 정적 속에서 우뚝 서 있는 등대의 존재가 얼마나 소중하고 필요한지를 깨닫고 있다. 등대의 불빛이 바다의 어두운 밤을 밝혀주는 것처럼, 시인은 등대와 함께 하는 시간 속에서 안정을 찾고, 그 존재의 의미를 새롭게 인식하고 있다. 바다 위에 떠 있는 외로움과 고독 속에서도 서로가 서로에게 주는 위로가 얼마나 중요한지를 노래하고 있다.

  시인은 들꽃의 매력에 빠져있다.「야생화」를 통해 확인할 수 있다.

    산에 들에 만발한 들꽃
    길섶에 홀로 피어 있는 야생화꽃
    한송이 송이마다 곱고 어여쁘다

화려한 장미꽃보다
수려한 백합보다
숭고하고 아름다운 야생초

온갖 풍상(風霜) 다 견디어내고
스스로 피는 꽃이여
외로워하지 말라
자생하는 꽃이 더 아름답다

―「야생화」 전문

  인용된 작품은 자연 속에서 자생하는 들꽃의 아름다움과 그 강인함을 노래하고 있다. 이 작품은 화려한 원예용 꽃들과 비교하며, 자연스럽게 자생하는 야생화가 가진 고유한 아름다움과 숭고함을 역설한다. 또한, 야생화가 겪어야 했던 역경과 고난을 통해 그 꽃이 얼마나 고귀하고 강한 존재인지를 진술하며, 자생하는 삶의 아름다움과 가치를 구현하고 있다. 야생화는 화려하지 않지만, 그 자체로 섬세하고 순수한 아름다움을 지니고 있음을 보여준다. '화려한 장미꽃보다 / 수려한 백합보다'라는 시적 문장에서, 시인은 야생화를 다른 화려하고 정교한 원예 꽃들과 비교한다. 장미와 백합은 인간의 손길로 가꿔지고 관리되는 꽃들로, 그 아름다움은 인위적인 관리와 가꾸기가 따른다고 할 수 있다. 그러나 야생화는 자연에서 스스로 자라고 피며, 인간의 손길 없이도 자생하는 꽃이다. 이런 점에서 시인은 장미나 백합보다 오히려 더 '숭고하고 아름다운' 존재로 인식한다. 야생화의 아름다움은 인위적인 조작이나 외적인 장식 없이, 순수하게 자연의 힘에 의해 살아가는 모습에서 오는 진정성과 강인함에서 비롯된 것임을 피력하고 있다. '외로워하지 말라 / 자생하는 꽃이 더 아름답다'라는 시의 구절처럼, 다른 꽃들이 인간의 손길을 필요로 한다면, 야생화는 오로지 자연의 힘에 의존해 자생함을 진술한다. '외로워하지 말라'는 말은, 다른 꽃들이 자꾸 돌봄을 필요로 하는 것에 비해 야생화는 스스로 자립할 수 있는 강한 존재라는 점을 부각시키고 있는 것이다. 이 작품을 통해 시인은 자립적인 삶의 아름다움을 알려주며, '자생하는 꽃이 더 아름답다'라는 메시지를 통해, 우리에게 스스로 힘으로 살아가고 어려움을 극복하는 모습이 얼마나 아름답고 고귀한지에 대한 가치를 전달해 주고 있다.

  시인은 영원한 안식을 향한다. 「선물」에서 이를 확인할 수 있다.

    하늘 아래 둘도 없는 하늘 선물
    지금까지 걸어 온 삶의 발자국

    오늘 깊은 밤 가슴으로 안아주는
    따뜻한 마음꽃 바로 당신입니다

―「선물」 전문

「선물」은 삶에서 가장 소중하고 중요한 사람을 향한 감사가 밀려온다. 시인은 '하늘 아래 둘도 없는 하늘 선물'이라고 시작하며, 사랑하는 사람을 세상에서 가장 귀한 선물로 여긴다. 이 작품은 인간관계에서 경험하는 깊은 애정과 감사를 중심으로, 그 사랑이 가진 의미와 가치를 되새기게 한다. '지금까지 걸어온 삶의 발자국'이라는 구절은, 함께 걸어온 시간과 그동안 쌓여온 기억을 뜻한다. 이는 그 사람과 함께 해온 삶의 여정을 상징적으로 진술한 것으로, 두 사람이 함께 걸어온 길에 남은 흔적들의 가치를 나타낸다. 발자국은 지나온 시간을 기억하게 하며, 두 사람의 관계가 깊어졌음을 상징한다. '오늘 깊은 밤 가슴으로 안아주는 / 따뜻한 마음꽃 바로 당신입니다'라는 시적 문장에서, 시인이 시적 화자 그 사람에게 느끼는 깊은 사랑과 감사를 표출한다. '마음꽃'은 사랑하는 사람의 따뜻하고 순수한 마음을 비유하는 것으로, 그 사람의 존재가 시인에게 주는 안정감과 위로를 주는 촉매 역할을 한다. 또한, '가슴으로 안아주는'이란 시적 문장 속에는 그 사람의 따뜻한 사랑이 시인의 마음을 감싸안아 주는 모습을 연상시킨다. 그 사랑이 주는 위안과 깊이도 가늠할 수 있다. 시인은 이 사랑이 바로 자신에게 주어진 최고의 선물임을 노래하고 있다.

  시인은 누군가에게 무한 신뢰를 보낸다.「당신의 마음」에서 이를 확인할 수 있다.

눈부신 매력 빛나는 자태
뽐내는 꽃보다 아름다워
바로 당신의 마음

청량하고 싱그러운 하이톤
목소리보다 밝고 낭랑한 음성
옥구슬 같은 당신

언제 어디에서나
긍정적 마인드 위풍당당한 모습
지상에서 가장 빛나는 이름
부르고 다시 불러본다

당신이 존재하기에
내가 있고 온 세상 모두
빛이요 생명이요 우주입니다

—「당신의 마음」 전문

「당신의 마음」은 사랑하는 사람의 내면적인 아름다움과 그 사람의 존재 자체가 주는 영향력과 가치를 전하고 있다. 시인은 시적 화자 그 사람의 마음이 어떻게 자신에게, 그리고 세상에 큰 영향을 미치는지, 그 사람의 존재가 얼마나 소중한지를 진술하고 있다. 외모나 겉모습보다는 그 사람의 진심, 따뜻한 마음이 진정한 아름다움이라는 메시지를 전달한다. '마음'은 물질적이고 일시적인 것이 아니라, 깊고 지속적인 사랑을 주는 원천으로 여기며, 시인은 이를 최고로 귀한 것으로 바라본다. 시인은 사람의 내면적인 아름다움이 목소리와 언어를 통해 자연스럽게 드러난다는 점도 부각시킨다. '언제 어디에서나 / 긍정적 마인드 위풍당당한 모습'의 시적 문장에서 시인은 그 사람의 태도와 성격에 대해 언급한다. 어디에서나 긍정적이고 자신감 넘치는 모습을 보이며, 그런 태도는 그 사람을 더욱 매력적이고 빛나는 존재로 만든다. '당신이 존재하기에 / 내가 있고 온 세상 모두 / 빛이요 생명이요 우주입니다'라는 시적 문장에서, 시인은 그 사람의 존재가 자신에게 얼마나 큰 의미가 있는지를 말하고 있다. 그 사람의 존재가 있음으로써 시인은 존재하며, 세상이 빛나고 생명이 충만하게 느껴진다고 노래한다. 이것은 사랑하는 사람이 단순히 시인의 삶에 영향을 미치는 것을 넘어, 그 사람의 존재 자체가 세상에 활력과 의미를 부여한다고 보는 관점을 담고 있다. 사랑하는 사람은 단순한 한 개인이 아니라, 세상의 빛과 생명, 우주를 가득 채우는 중요한 존재라는 것이다.

3. 사물을 바라보는 관조의 세상을 넓고 깊다

황산 손영채 시인은 합천 고향의 대물림을 그대로 이어받은 정통 서정 시인이다. 황매산의 정기를 통하여 사물을 관찰하고 숙성시키는 노련한 감성 더듬이 또한 예사롭지 않은 성품을 가졌으며 도시공학을 전공한 유능한 박사

로써 문(文)과 무(武) 골고루 숙성시키고 있는 훌륭한 시인임에는 틀림이 없다. 현역에 충실하면서 틈틈이 사회 구현을 위한 봉사 단체를 솔선 이끌어가며 정서 함양에도 물심양면으로 모든 열정을 쏟아부으며 고향 사랑이 남다른 애향심(愛鄕心) 또한 특별한 사랑을 달구고 있는 점들이 놀라울 따름이다.

등단 이후 창작에 대한 열정은 자신의 삶을 재조명하는 충실한 구심점 역할을 하고 있다. 황산 손영채 시인의 자연에 대한 남다른 애착과 삶의 향기를 내면세계(內面世界)에 자연스럽게 접목을 시켜서 시의 주제를 부드럽게 이끌어내는 점들이 신선하고 따뜻한 특징이 눈길을 끌고 있다. 다음으로 소소한 이야기에도 귀을 기울이고 사계절의 풍미 속에서 자신만의 작품세계를 천착(穿鑿)하는 감각적 기법 또한 잔잔한 울림을 주고 있어 시의 진위가 한층더 진수(眞髓)를 더 높이고 있다.

황산 손영채 시인의 제3시집에는 1시집『황매산 연가』, 2시집『우리집 가자』의 작품과는 색다른 시의 내공이 깃들어 있이 숙성된 시의 맛과 멋을 잘 살려낸 구절들이 시의 모태가 되어 준다. 사람에게는 누구에게나 시절인연(時節因緣)이 따르게 마련이지만 세월의 흐름속에 문학적 소양도 한층 더 심도 있는 구사력이 불간지서(不刊之書) 라 오래도록 길이길이 소양을 겸비한 시집으로 후세에 남겨도 될 시인의 선비정신이 곁들이를 소망하는 바가 크다. 이번 시집의 의미는『선비꽃 당신』시제답게 매화의 기개(氣槪)와 꿋꿋한 절개를 잘 그려낸 시집의 표상이 아닐까 싶다. 문학세계로 등단 이후 쉬지 않고 틈틈이 기록한 작품들이 증명해 주고 있으니 시인의 가치관이 뚜렷한 시 창작의 섬세한 심미안(審美眼)을 바탕으로 습작기 과정들이 탄탄하여 어려운 현 실정에도 불구하고 작품에 대한 열정과 도약 정신은 독자들에게 충분히 사랑받을 자격이 있다고 본다.

 황산 손영채 시인의 성품과 시적화자를 고스란이 닮아 있는 『선비꽃 당신』 시집은 흠잡을데 없이 솔직담백한 자신의 개성 있는 목소리를 잘 다스리고 있으며 대도시에 머물고 있으면서도 고향에 대한 향수(鄕愁)는 시편 마다 황매산 산숲의 함성소리처럼 웅장하면서도 애잔한 현실에 대한 절절한 마음자리가 시적 모티브(motive)로 끌어올려 예술적 감각과 창작의 동기부여가 구체적인 명분과 확신을 전해주고 있다고 본다. 이제부터 시인의 작품세계로 들어가 보도록 한다. 선비꽃 당신, 매화의 수려한 자화상을 음미하면서 시인의 내공 깊은 영혼의 속삭임 소리를 진지하게 듣고자 한다.

   내 고향 벚꽃 흐드러지게 피어나던 날
   천지개벽 형형색색 꽃바람 춤추며 나풀나풀

   봄바람에 흩날리는 꽃잎들 아름다운 호반
   끝없이 펼쳐진 고향의 봄

합천호 백 리 벚꽃길
염화미소(拈華微笑) 거룩한 봄의 향연
푹 빠져든다

옛 선조의 향기
호반의 고향 영혼의 안식처
유년의 추억 보랏빛 향기의 조각들
새록새록 돋아나고

오래도록 머물고 싶은
나의 고향 황매산이여

― 「내 고향 봄이 오면」 전문

  시인의 작품 속에는 밝고 선명한 봄의 향연을 고향에 접목하여 따뜻한 온기가 잘 전달되고 있다. 옛 선조들의 사상과 염화미소(拈華微笑)의 근엄하고 고고한 성품을 설명해 주는 듯 고향 산천에 대한 사모의 정과 절절한 그리움을 황매산을 부각하며 주어진 현실을 의연하게 대처하려는 초자연주의(超自然主義) 사상이 편편이 묻어난다. 예를 들어 1926년 일제 강점기에 발표된 동시에 곡조를 붙여 더욱더 유명해진 한국의 국민동요, 이원수 작사 홍난파 작곡된 작시가 황산 손영채 시인의 「내 고향 봄이 오면」에서 더욱더 소환되는 대목들이다. 오래도록 머물고 싶은 나의 고향 황매산이여 라는 마침표로 애수(哀愁)에 대한 그리움을 잘 다스리고 있다고 해도 과언이 아니다.

임- 진- 란 곽 장군 충효의 얼
고귀한 정신이 깃든 수려한 삼산골
허굴산 정상 전설의 용바위 신비롭다

금성산 봉수대 올라서니 가슴이 뭉클하네
합천호 푸른 호수 절경이로다

자연을 벗 삼아 시 한 수 읊고
은빛 물결 넘실대는 둘레길
악견산 어귀 무학대사 유적지

금성(錦城) 허굴(墟窟) 악견산성(岳堅山城)
나의 삶, 꿈동산이어라

홍안의 소년 시름 달래던 삼산골
자연과 길동무 글동무 되어
신선놀음하네

— 「내 고향 삼산(三山)」 전문

 손영채 시인의 시세계는 구구절절 고향의 애환(哀歡)과 향수(鄕愁)를 회상하는 심경을 내 고향 삼산"을 통하여 확인할 수 있다. 허굴산 정산 전설의 용바위 정기를 이어받은 금성산 봉수대를 바탕으로 합천호 푸른 호수를 배경으로 시인의 초월적 의지와 서정적인 이미지로 자연의 표상을 내면으로 호흡하면서 삼산의 혼(魂)을 유년 시절로 회귀(回歸) 하고 싶은 윤회 사상이 작품 속에서 잘 나타나고 있다. 황매산 인근을 돌아보면 천불천탑 관음성지가 있으며 용납 스님이 선사 고대 시대 기도 도량으로 용바위에서 관세음보살님을 친견한 후 천불천탑의 원력으로 불탑 건립을 하고 있다는 소원성지라고 불릴 만큼 고향 삼산에 대한 그리움의 간절한 마음은 이 한 편의 시에서 화자 되고 있다고 본다.

  시인이 앞으로 인생 2막을 펼칠 수 있는 고향의 유서 깊은 역사를 자랑하는 합천고을은 앞으로 추구하는 바가 크다고 본다. 아직도 보수를 고집하고 훌륭한 가문의 뿌리깊은 선비정신이 그만의 문화유산인지도 모른다. 시인의 면모를 회고하는 "도산서원" 작품속에서 화자의 성품과 지금까지 살아온 발자취가 고스란이 엿보이고 있다.

    한국 유교 문화유산 유서 깊은 곳
    진도문(進道門) 나를 어서 오라 반기네
    한 발 한 발 내딛고 나가니 향나무
    길 안내한다

    산새 좋은 서원 길모퉁이
    홍매화 꽃 만발하니
    매화 향기가 취하는 봄
    시원한 툇마루에 걸터앉아보니
    이렇게 좋을 수 없네

    도산서원은 선비들의 글방
    높고 낮은 담장 이어지는 길 따라

한옥의 멋스러운 풍경에 반한다

옛 선비들 글 읽는 소리 고색창연하고
탈도 많은 속세의 검은 유혹에도
흔들리지 않고 꿋꿋이 자리매김하는 곳

오로지 학문과 인재 양성 정신 수양의 터전
퇴계(退溪) 시(詩) 혼(魂)이 깃든 서원 앞마당
달빛도 모여드는 명당
거룩한 발자취여

―「도산서원(陶山書院)」 전문

  도산서원은 안동시 도산에 있는 조선시대 건축물로 퇴계 이황의 학덕을 기리기 위하여 문인과 유림이 중심이 되어 창건하였으며 조선 후기에 영남 유림의 정신적 중추 역할을 하였던 곳이다. 손영채 시인이 관철하는 시 세계는 주로 고향, 자연, 문화, 가족, 벗 등 다양한 주제로 생활 속 인생 이야기가 주를 이루고 있다. 다음 시편에서 시인의 작품을 감상하면서 담담한 발자취와 함께 선비정신의 향기가 물씬 풍기는 도산서원의 풍미를 접근해 보도록 하자.

  도산서원은 제목에서 암시하는 대로 문화유산의 진면목을 잘 보여주는 수려한 작품이라서 더욱 감명깊은 시선으로 접하게 된다. 손영채 시인이 예시하고자 하는 시심은 도산서원을 그대로 옮겨 놓은 듯 시와 화자 persona 가 한 몸이 일체가 된 듯 따스한 시의 숨결이 투명하게 전해오고 있다. 2연에서 산새 좋은 서원 길 모퉁이/ 홍매화 꽃 만발하니/ 매화 향기가 취하는 봄/ 시원한 툇 마루에 걸터 앉아보니/이렇게 좋을 수 없네. 신선(神仙)이 노니는 듯이 한 자연 풍광이 정겹고 풍요롭지 않은가? 시인이 꿈꾸는 미래지향적인 사념도 도산서원에서 더욱더 돋보이는 면모가 엿보인다. 시집 제목의 『선비꽃 당신』에서부터 떼 놓을 수 없는 시적 화자(詩的話者)의 울림은 줄기차게 한 곳으로 접근되고 있음을 강조하고 있다고 해도 과언이 아니다. 4연에서 만나는 대목들은 더욱 생경한 풍습을 표현한다. 옛 선비들 글 읽은 소리 오색찬란 하고/ 흔들리지 않고 꿋꿋이 자리매김하는 곳. 퇴계의 시혼(詩魂)이 깃든/ 서원 앞마당 달빛도 모여드는 명당터/거룩한 발자치여. 시인의 삶 그 자체가 이미 선비정신이 물씬 묻어나고 있어 더 말할 나위 없이 작품과 혼연일치가 된다. 작품 속에서 말했듯이 도산서원을 가지 않아도 이미 상상력을 동원한 시인의 작품에서 투명하게 들여다보일 만큼 편안하게 독자들에게 공감대를 형성하는 멋스럽고 걸쭉한 분위기 연출이 탁월한 시인이다

  다음 작품에서는 유유자적(悠悠自適) 한 시인의 단면을 우려내는 듯 고독(孤獨)한 절창(絶唱)을 노래하고 있어 관심을 유발하는 대목들이 눈길을 끌고 있다

무거운 배낭 둘러메고 집 나선다
한적한 시골 나 홀로 걷는 길
어차피 인생은 고독한 것

가로수 사이마다 문득 떠오르는
옛 생각에 흠뻑 젖어
돌부리에 차이고 걸린다

산다는 것은 일장춘몽(一場春夢)이라
뒤돌아보아도 먼 메아리만 맴돌고
내 마음 다시 쓸쓸해지는 초로의 세월

인생은 힘들고 지치고 고달픈 날들
누가 대신 살아주지 않고
대신 울어주지 않으니

스스로 일어서는 법 깨치고
배우며 가던 길 묵묵히 걸어가련다

―「인생은 홀로 걷는 길」전문

 황산 손영채 시인의 유유자적(悠悠自適)한 선비정신의 모습과 풍류가인의 길을 인색 2막으로 정한, 시인의 담담하고 의지력이 깊은 시인의 길은 어쩌면 우리네 인생 모두의 질곡이 아닌가 싶다. 시와 서예 공부로 내년세계를 다지면서 도시공학박사의 노련한 공학도로 문(文)과 무

(武)를 동시에 교류하는 그만의 행보에 응원과 찬사를 보내고 싶다. '자, 인생은 지금부터'라는 슬로건으로 극찬을 보낸다.

"참나무토막이 수백 년간 잠겨있어도, 홍수로 인해 땅 위로 솟구치게 된 그 나무를 누군가 꺼내 침향(沈香)으로 되살릴 때, 굳게 닫힌 경계가 무너진다. 침향은 수백 년 묵은 참나무를 말릴 때 고목에서 풍기는 그윽한 향을 뜻한다. 손영채 시인의 시적 문장에는 침향처럼 그윽한 인생의 향이 가득하다."

손영채 시인의 시집 속에는 인생의 지도가 압축되어 있다. 인생의 길이 새겨진 문장의 집이 아닐까. 시의 한 행은 짧지만, 그 행간이 독자에게 도착할 때까지 부처가 걸어간 깨달음의 길일 수 있고 예수가 걸어간 고행의 길일 수 있고 선각자가 걸어간 선교의 길일 수 있다. 손영채 시인이 걸어온 시의 행간은 선비의 길이 놓여 있다.

손영채 시인의 시집 『선비꽃 당신』은 과거 인간미가 넘쳤던 우리 사회의 감성을 재생(再生)시키고 혹은 항구적이고 서정적인 이미지로 발현해 내는 한국 현대 시단의 침향이다. 인간의 영혼을 빚어내는 사랑의 향기가 봄의 서곡을 엮어낸다.

문학세계대표작가선 1042

선비꽃 당신

황산 손영채 제3시집

인쇄 1판 1쇄 2025년 3월 16일
발행 1판 1쇄 2025년 3월 24일

지 은 이 : 손영채
펴 낸 이 : 김천우
펴 낸 곳 : **문학세계** 출판부 / 도서출판 **천우**
등   록 : 1992. 2. 15. 제1-1307호
주   소 : 서울시 광진구 구의강변로 85 강우빌딩 7F
전   화 : 02)2298-7661
팩   스 : 02)2298-7665
http://cafe.naver.com/chunwu777
E-mail : cw7661@naver.com

ⓒ 손영채, 2025.

값 17,000원

* 도서출판 천우와 저자의 서면 동의 없는 무단 전재 및 복제를 금합니다.
* 저자와의 협의에 따라 인지는 생략합니다.

ISBN 978-89-7954-950-8